Edith Sassen

Platt löppt

Edith Sassen

Platt löppt

Für Einsteiger

ISENSEE VERLAG
OLDENBURG

Idee und Konzeption: Edith Sassen
Bilder: Lena Sassen, Edith Sassen

Bibliografische Information der Deutschen Bibliothek
Die Deutsche Bibliothek verzeichnet diese Publikation in der Deutschen Nationalbibliografie; detaillierte bibliografische Daten sind im Internet über <http://dnb.ddb.de> abrufbar.

ISBN 978-3-7308-1355-3

Gedruckt bei Isensee in Oldenburg

Vorwort der Autorin zur Idee und Konzeption

„Platt löppt“ ist ein Arbeitsbuch mit einem Fünfsäulenmodell und dient zum Erlernen der plattdeutschen Sprache. Es kann in einer einstündigen Platt-AG, als Vertiefung von Themen im Immersionsunterricht, aber auch nur punktuell zu einem Thema eingesetzt werden und die Lex sind untereinander austauschbar.

Die 1. Säule bedeutet, dass ein begrenzter Wortschatz zu einem Themengebiet mit Hilfe von Bild- und Wortkarten eingeführt und in den folgenden Stunden wiederholt wird. Dazu gehört meistens ein Lied nach einer bekannten Melodie, welches den Wortschatz in Teilen einübt.

Die 2. Säule sind immer Dialoge, die nach einer besonderen Einführung von den Kindern mit Hilfe des Lehrers öfters vorgespielt werden.

Die 3. Säule stellen die Röög-di-Geschichten dar. Hier wird eine lustige oder ungewöhnliche Geschichte in 8 bis 10 Sätzen verbunden mit einer Bewegung sprachlich eingeübt. Es folgen dann Übungen mit den dazu gehörigen Bildern. Leseübungen können den Abschluss bilden.

Die 4. Säule ist die Sketch- und/oder Theaterstückarbeit. Kurze, oft lustige Theaterstücke und Sketche werden nach besonderen Methoden öfters vorgespielt. Sie können auch in den folgenden Stunden aufgegriffen und nochmals vorgespielt werden.

Die 5. Säule ist das Wörterbuch, wo alle Wörter des Wortschatzes geschrieben werden sollen. Interessant sind die Texte, wo einige Wörter hervorgehoben sind. Werden diese ausgetauscht, so entsteht ein eigener Text. Dieser sollte im Unterricht immer vorgetragen werden. Applaus und Lob dürfen dabei nicht fehlen.

Das Fünfsäulenmodell bedeutet also 5 Plattdeutschstunden. Jede Lex ist immer gleich aufgebaut. So ist die Vorbereitung sehr einfach, denn man arbeitet immer das Fünfsäulenmodell ab. Bei jeder Lex beginnt es wieder von vorne. Auch Plattdeutschlehrer, die sich nicht so sicher in der Sprache fühlen, kommen mit diesem klar strukturiertem Konzept gut zurecht. Nur Mut! Denn die Schüler merken zunächst einmal nicht, ob man etwas „Falsches“ sagt. Wenn man bereit ist, sich auf dieses Konzept einzulassen, dann wird man einen sehr lebendigen Unterricht erleben, wo die Schüler hochmotiviert mitarbeiten.

Denn es ist so, wie es heißt: „Platt löppt“.

Edith Sassen

Platt löppt 3
Wat is dor in:

erarbeitet von
Edith Sassen
Lehrerin

Die Rechtschreibung orientiert sich an das Wörterbuch „der neue Sass" aus dem Jahr 2013. Manchmal wurde auch das Online – Wörterbuch „platt-wb.de" der Ostfriesischen Landschaft zu Rate gezogen. Es gibt keine standardisierte Sprech- und Schreibweise im Plattdeutschen und das macht den Reiz dieser Sprache aus. Verschriftlichung bedeutet aber, dass man sich an etwas orientieren kann. Seien sie mutig und passen sie die hier benutzte Rechtschreibung an das in ihrer Gegend übliche Platt an und nutzen sie die dortige Schreibweise.

Großen Dank an
Heiko Frese und Hans-Hinrich Kahrs, Plattdeutschberater bei der Landesschulbehörde, Bereich Koordination, **Ingeborg Remmers,** Beraterin für Saterfriesisch bei der Landesschulbehörde und **Torben Hinrichs**, Schulleiter, für Eure wichtigen Tipps, Worte und Eurer enormen Unterstützung.

Illustrationen: L. und E. Sassen

Scharrelerdamm, 2017 Edith Sassen

Leder

Dat is Tiet (Melodie: Von den blauen Bergen kommen wir, Volkslied)

Dat is Tiet na School to gahn, nu kaamt wi.
Dat is Tiet na School to gahn, nu kaamt wi.
Dat is Tiet na School to gahn.
Dat is Tiet na School to gahn.
Dat is Tiet na School to gahn, nu kaamt wi.

Moin (Melodie : nach Jingle Bells, James Lord Pierpont, um 1855)

„Moin" seggt wi, „moin" seggt ji,
„Moin" wat överall seggt.
Kummst in´e School, kummst na Huus,
Plattdüütsch warrt hier snackt , je.

Dat is de Weg (Melodie: Here we go round the Mulberry Bush, England: trad. um 1840)

Dat is de Weg wi kaamt tosamen,
kaamt tosamen, kaamt tosamen
Dat is de Weg wi kaamt tosamen,
bi Plattdüütsch in´e School..

Moin ! Moin ! (als RAP: 1,2,3, Pause)

Bi us dor seggt man an Morgen „Moin".
Bi us dor seggt man an Middag „Moin".
Bi us dor seggt man an Avend „Moin".
Bi us dor seggt man den ganzen Dag „Moin".

Moin

Moin

Wo heetst du ?

Ik heet Susi.
Un wo heetst du ?

Ik heet Jan.
Ik bün 9 Johr oolt.

Ik heet Sina.
Ik bün 8 Johr oolt.
Un du ?

Weet ik nich !

Tahlen: (Vorgehensweise bei der Einführung der Zahlen auf S. 3)

Ik kaam ut.....
Ik wahn in .....

een	twee	dree	veer	fief	söss
1	2	3	4	5	6
söven	acht	negen	teihn	ölven	twölf
7	8	9	10	11	12

Lex 1

Singt een Farvenleed ! (Melodie: Head and shoulders, knees.., Musik: trad.)

(Einführung der Begriffe für die Farben mit Farbkreisen und Wortkarten ist unten beschrieben.)

Root un geel, blau un gröön, blau un gröön.
Root un geel, blau un gröön, blau un gröön
Un bruun un swart un witt un gries.
Root un geel, blau un gröön, blau un gröön.

1. geel
2. gröön
3. blau
4. witt
5. swart
6. gries
7. root
8. orange
9. lila
10. bruun

Leed mit Tahlen (Melodie: Bruder Jakob, Musik: Volksweise)

Een, twee, dree, veer - een, twee, dree, veer.
Fief, söss söven - fief söss söven.
Acht, negen teihn ölven.
Acht, negen teihn ölven.
Twölf, twölf, twölf.
Twölf, twölf, twölf.

Aufgabe: Die Zahlen von 1 bis 12 sollten als Bildkarten in der Größe DIN A 6 einfarbig oder bunt vorliegen. (auf Papier kopiert, einlaminiert und hinten mit Magnetstreifen versehen) Die Wortkarten sollten ebenfalls vorliegen. (Größe: 4 Wortkarten aus einem DIN A 4 Blatt, Hochformat, laminiert, ausgeschnitten und mit Magnetstreifen versehen.) Die Farbkreise sollten einen Durchmesser von 10 cm haben, aus Tonkarton und ebenfalls mit Magnetstreifen versehen. Pro Lex ca. 15 neue Wörter einführen und dann jede Stunde bis zum Ende der Lex wdh. 1. Bildkarte hochhalten, Begriff sagen, Schüler wdh. den Begriff, an der Tafel befestigen, draufzeigen, Begriff sagen, Kinder sprechen das nach. Nach jedem neuen Begriff werden die vorherigen Begriffe wdh. Am Ende nochmals jedes Bild zeigen und den Begriff sagen. Sprechtempo variieren. Auch durcheinander zeigen und nochmals sprechen. Dann könnte man einen Schüler nach vorne holen. Der Lehrer sagt das Wort und der Schüler zeigt, sagt das Wort, alle wdh. das Wort. Die Wortkarten werden jeweils nur kurz hochgehalten. Die Schüler nehmen es als Bild wahr und wissen dann den Begriff. Der Lehrer hält nun die Wortkarte nochmals hoch. Ein Schüler befestigt sie unter die Bildkarte. Alle Begriffe werden nochmals gesagt.

1.

Begröten

Lex 1

Hein: Moin!
Emma: Moin!
Hein : Wo heetst du ?
Emma: Ik heet Emma.
Un wo heetst du ?
Hein: Ik bün Hein.
Wo oolt büst du ?
Emma: Ik bün 9 Johr oolt.
Un du ?
Hein: Ik bün ok 9 Johr oolt.

Aufgabe: Der Inhalt der Dialoge wird erklärt (Plattdeutsch /Hochdeutsch). Der Lehrer kann es mit einer Figur oder einem Schüler vorspielen oder mehrfach vorlesen und dabei Teile der Sätze oder ganze Sätze weglassen, die alle Schüler ersetzen/sprechen. Dann werden die Rollen verteilt. Der Lehrer sagt die Sätze vor. Nur so viel sagen, dass sich die Kinder das merken können. Die Kinder sprechen nach und agieren. Je öfter der Dialog gespielt wird, umso weniger muss der Lehrer einflüstern. Veränderungen der Dialoge sind erwünscht.

2.

Fro Müller: Moin all tosamen.
Wo geiht di dat, Emma ?
Emma: Mi geiht dat goot.
Fro Müller: Wo geiht di dat, Hein ?
Hein: Mi geiht dat nich so goot.
Fro Müller: Wat is denn mit di ?
Hein: (Ik hebb Buukpien.
Mien Mamm´ is krank.
Mi kellt de Kopp.
Ik hebb mi an´t Knee stött.)

3.

Ööv de Farven un de Tahlen !

Emma: Wecke Tahl is dat ?
Hein: Dat is ....

2	3	4	5	1	7	6
10	8	9	11	13	12	14
20	18	16	19	17	15	21

4. Maal de Kästchen an !

Hein: Wecke Farv is dat ?
Emma: Dat is ....

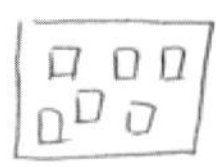
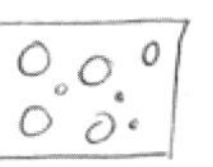
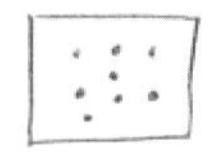

5. De Tahlen bit 21 öven !

Geel, root, gröön, witt, swart, gries, blau, orange, een, twee, dree, veer, fief, söss, söven acht, negen, teihn, ölven, twölf, darteihn, veerteihn, föffteihn, sössteihn, söventeihn, achtteihn, negenteihn, twintig, eenuntwintig, ...

Röög-di-Geschicht

Lex 1

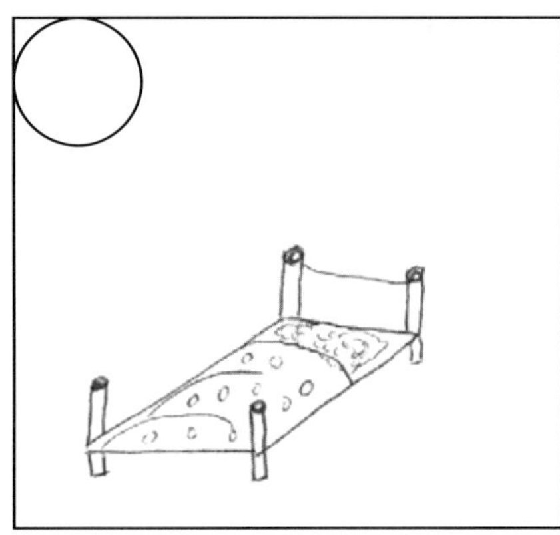

1. Dat is Klock söven.
2. Ik stah up.
3. Ik wasch mien Kopp un putz miene Tähnen.
4. Ik drink mien Melk.
5. Mit mien Schooltasch gah ik los.
6. Bi de Bushaltesteed holl ik an.
7. Oh, wat is dat ?
8. Ik hebb noch mien Slaapbüx an.
9. Wat bün ik för een Dööskopp ! Wo kunn ik dat vergeten ?

Aufgabe: Die Bilder liegen nicht vor den Kindern. Auch der Text nicht. Wichtig: Keine Geräusche machen. Alle Kinder stehen hinter ihrem Stuhl. Die Sätze werden gesagt und die Bewegung wird dazu gemacht. Der Lehrer macht das vor und spricht, dann machen alle die Bewegung und sprechen nach. Die Sätze geben die Bewegung vor. Auch durcheinander sagen. Viel üben ! Das Heft wird aufgeschlagen. Lehrer sagt den Satz (nacheinander), Kinder zeigen auf das Bild und sagen den Satz. Dann auch durcheinander sagen und zeigen. Dann sage ich Nr. 1 ist: Oh, wat is dat ! Die Kinder tragen unter das Bild die Nummer 1 ein, usw. Alles nochmals wiederholen! Das ist wichtig. An der Tafel wird die Lösung besprochen. Nummern anschreiben und kontrollieren. Dann macht der Lehrer/die Lehrerin evt. noch folgende Übung: Er/sie macht nur die Bewegung vor. Die Kinder sagen den Satz. Das ist sehr schwer. Oder: Der Lehrer/die Lehrerin sagt nur den Satz und die Kinder machen die Bewegung und sagen den Satz.)

De Sopp

Sketch

Lex 1

Moder: Moin, Sabrina.
Sabrina: Moin. Moin. (Jolene grüßt auch, aber nur Sabrina setzt sich.)
Moder: Hest du dien Fründin mitbrocht. Wo heetst du denn ?
Jolene: Jolene.
Moder: Sett di hen. Dat gifft Sopp. (Jolene setzt sich.)

Voder: Smeckt goot. (schlürfend)
Sabrina: Smeckt goot. (schlürfend)
Sebastian: Smeckt goot. (schlürfend)

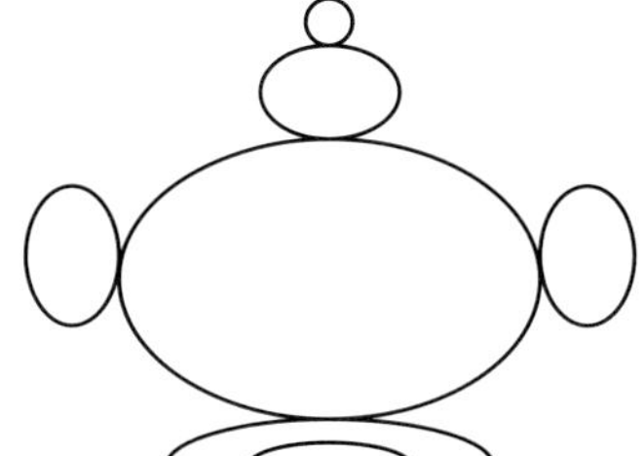

Moder: Jolene, wieso ettst du denn nich ?
Jolene: Ik kann nich.

Moder: Hest du kien Smacht ?
Jolene: Jo, woll.

Moder: Is di nich goot ?
Jolene: Doch, doch.

Moder: Magst du kien Sopp ?
Jolene: Doch woll geern.

Moder: Wieso ettst du dien Sopp denn nich ?
Jolene: Ik, ik, ik, ik hebb kien Lepel.

He kann nich

Hein steiht up´n Schoolplatz. He kickt to, wat de annern all maakt.
Sebastian: Moin, Hein. (mit zwei schweren Eimern)
Hein: Moin, Hinnerk.
Sebastian: Du Hein, kannst du mi mal even helpen ?
Hein: Nee, kann ik nich. (Sebastian geht kopfschüttelnd weg.)

Sabrina: Moin, Hein. (mit dem Besen)
Hein: Moin, Sabrina.
Sabrina: Du Hein, kannst du mi mal helpen ?
Hein: Nee, kann ik nich. (Sabrina geht kopfschüttelnd weg.)

Doreen: Moin, Hein. (mit dem Papierwagen)
Hein: Moin, Doreen.
Doreen: Du Hein, kannst du mi mal even helpen ?
Hein: Nee, kann ik nich. (Doreen geht kopfschüttelnd weg.)

Jolene: Moin, Hein. (mit der Leiter)
Hein: Moin, Jolene.
Jolene: Du, Hein, kannst du mi mal even helpen ?
Hein: Nee, kann ik nich. (Jolene geht kopfschüttelnd weg.)

De ganzen Kinner kaamt un boot sik vör em up un fraagt:
Jolene: Wieso kannst du us nich helpen ?
Hein: Kann ik nich. Seht ji doch. Ik hebb beide Hannen in´e Tasch.

Vorgehensweise siehe S. 7

Wöörbook			Lex 1
een ________ ________	negen ________ ________		blau ________ ________
twee ________ ________	teihn ________ ________		swart ________
dree ________ ________	ölven ________ ________		witt ________ ________
veer ________ ________	twölf ________ ________		bruun ________ ________
fief ________ ________	gröön ________		violett________ ________
söss ________ ________	root ________ ________		rosa ________ ________
söven ________ ________	geel ________ ________		orange ________ ________
acht ________ ________	gries ________ ________		________ ________

Schriev een egenen Text:
Ik heet **Susi**.
Ik bün **8 Johr** oolt.
Ik bün ut **Scharrel**.
Ik wahn in´e **Schoolstraat 7**.
Ik mag **Katten**.

____
____
____
____
____
____
____
____

1. Vorgehensweise bei Sketchen/Theaterstücken: Der Inhalt einer Geschichte wird vom Lehrer erzählt (Hochdeutsch /Plattdeutsch), dann wird das evt. vorgelesen oder Satz für Satz sagen und alle Schüler sprechen diese nach. Beim wiederholten Vorlesen werden Wörter später auch eingängige Sätze weggelassen. Alle Schüler sprechen diese.
Alle Schüler müssen die Geschichte verstanden haben. Dann werden die Rollen verteilt. Der Lehrer flüstert die Sätze vor. Aber nur solche Teile der Sätze oder Sätze nehmen, die die Kinder auch sofort nachsprechen können. Je öfter das Stück gespielt wird, umso weniger muss der Lehrer einflüstern. Es ist unbedingt erwünscht, dass die Stücke kreativ verändert werden, z.B ein anderes Ende oder auch verlängern oder weitere Mitspieler oder...

2. Texte schreiben: Vorgehensweise: Der Text wird gelesen/ vorgelesen. Dann werden Wörter gesucht, die für die dickgedruckten Wörter eingefügt werden können. Dann lesen einige Schüler ihre Kreationen vor. Es folgt das eigene Schreiben. Alternativ können hier auch Texte über Berühmtheiten oder Tiere vorgestellt werden. Auf einem Extrablatt geschrieben, kann man sie auch mit einem Bild versehen. Veröffentlicht werden können sie an einer Leine. Wichtig ist, dass die Texte vor der Klasse vorgetragen werden. Ein dickes Lob und Applaus sind dann obligatorisch.

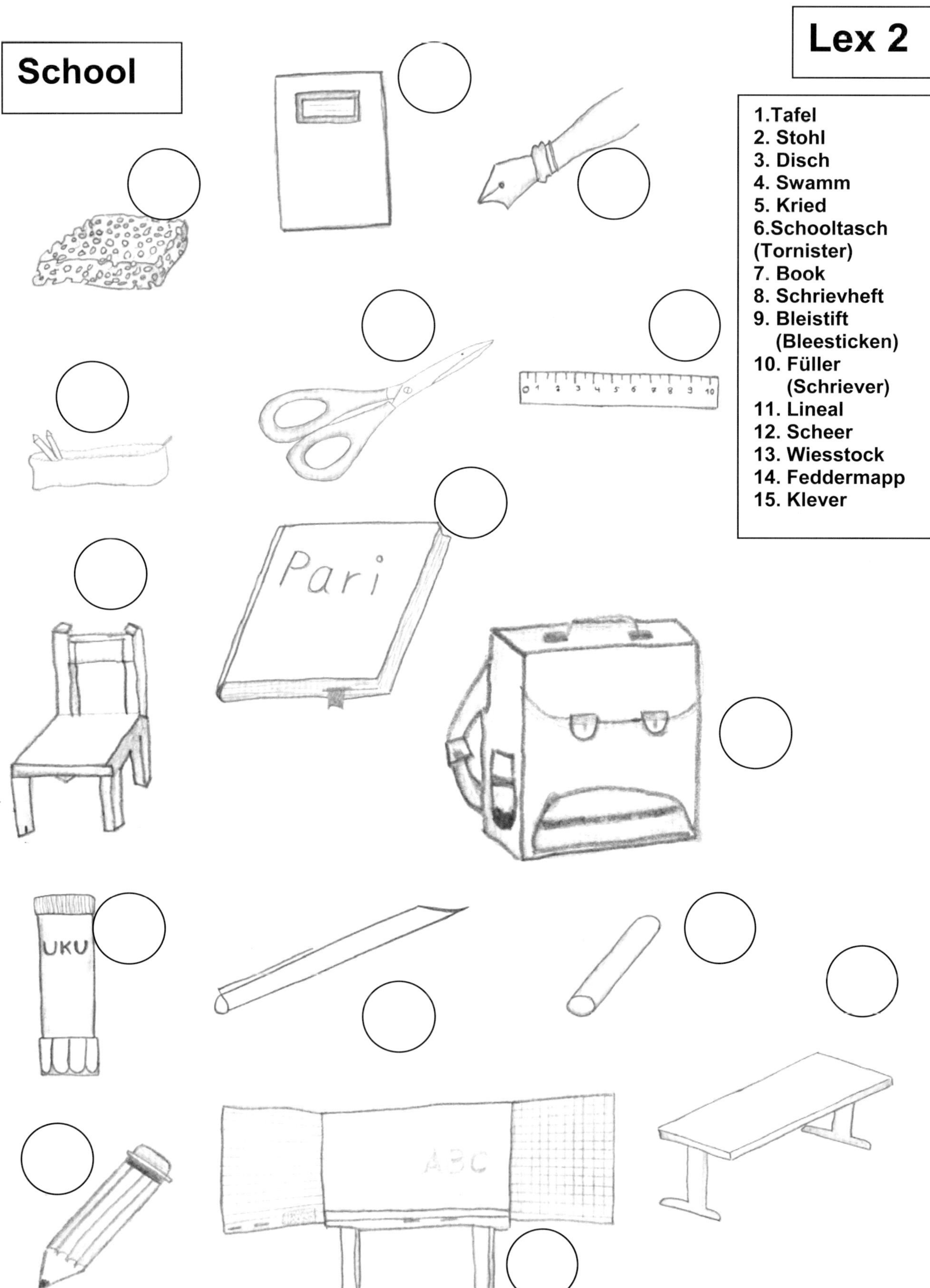

Vorgehensweise: Siehe S. 3. DIN A 5 Bildkarten herstellen. Wenn im Englischunterricht parallel dieses Thema durchgenommen wird, dann bitte die Lex 3 vorziehen mit dem Thema Deerten.

Leder

Füller un Bleistift (Melodie: Head and shoulders, knees.., Musik trad.)

Füller un Bleistift, Book un Lineal, Book un Lineal.
Füller un Bleistift, Book un Lineal, Book un Lineal
un Heft un Mapp un Tasch un Tafel
Füller un Bleistift, Book un Lineal, Book un Lineal.

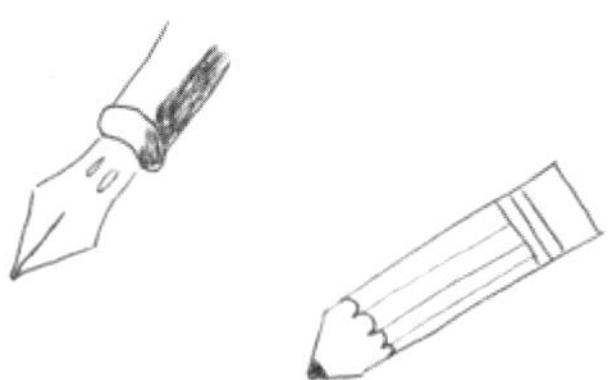

Leed (Melodie: Die Affen rasen durch den Wald, Musik: Volksweise)

Ik heet Susi. Du heetst Jan.
Plattdüütsch is vondoog dran.
Un wi hebbt nu all masse Spaaß.

Refr.: Platt is för all dor.
Platt is för all dor.
Dat snackt wi nu all Dag.

Un Sina is nu ok dorbi.
Se kummt ut Dörp un snackt as wi.
Un wi hebbt nu all masse Spaaß.

Refr.: Platt is för all dor.
Platt is för all dor.
Dat snackt wi nu all Dag.

Un Tom will nu ok Platt mitsnacken.
He kummt vörbi un sitt in´n Schatten. ....
Un wi hebbt nu all masse Spaaß.

Refr.: Platt is för all dor.
Platt is för all dor.
Dat snackt wi nu all Dag.

De Schooltasch

Lex 2

1.

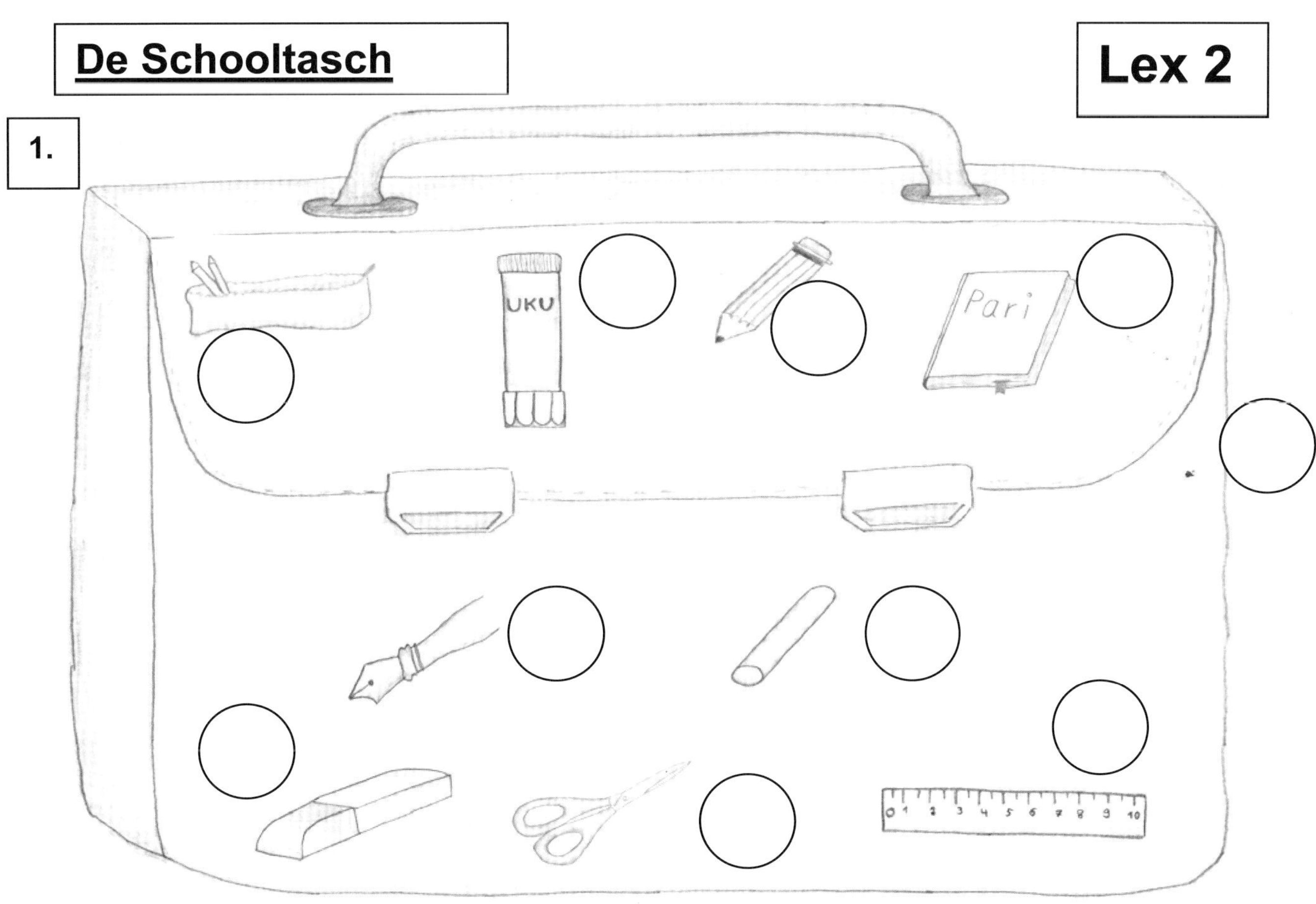

1. Raderer 3. Bleistift 4. Kried 7. Scheer 8. Feddermapp
2. Lineal 5. Füller 6. Book 9. Klever 10. Schooltasch

____

____

2. Dialog: In´e School

Daniel: Hest mal even een Schriever för mi ?
Susi: Jo, hebb ik woll. Hier is een.
Daniel: De schrifft jo gor nich.
Susi: Nee ?
Daniel: Nee.
Susi: Dann is dat so.
Een annern Schriever hebb ik nich.
Musst di ....

3. Dialog: In´e Pause

Sibo: Speelst du mit Football ?
Piet: Jo, dat do ik.
Sibo: Du, güstern hebb ik twee Tore schoten.
Piet: Vondoog schaffst du dat nich !
Sibo: Worüm nich ?
Piet: Ik stah in´t Tor !

Dialoge: Vorgehensweise auf S. 4

Röög-di-Geschicht

Lex 2

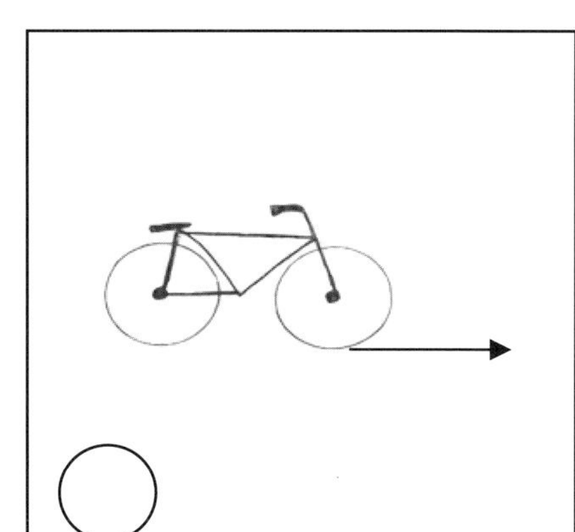

1. Ik fohr mit mien Rad na School.
2. Een Hund bellt mi an.
3. Ik bün bang.
4. Wat schall ik nu maken ?
5. Een röppt: „Rex kumm her !“ Rex löppt weg.
6. Ik fohr wieder.
7. Dor is mien School.
8. Hein röppt: Kumm her, speel mit Football !
9. Doch wat is dat ? Rex kummt anlopen un bitt den Ball in dutt (twei).

Vorgehensweise: siehe S. 5, Zuallerletzt kann der Text auch öfters gelesen werden.

Schoolstunn in´t Reken | Bruchreken verkloren | **Lex 2**

Kinner loppt rüm, speelt verrückt, roopt dörnanner: wi argert all, bölkt. Dor geiht de Klingel von de School. All gaht se na ehren Platz. De Schoolmesterschke kummt rin.

Fro Schmitt: Moin, leve Kinner.
Schöler: Moin, Fro Schmitt.

1 Kind seggt: 1,2,3, un los. (Een Schöler löppt achter een annern Schöler her un se loppt dör de Klass.)

Fro Schmitt: (Se schüddelt mit ehren Kopp. De Kinner sett sik weer hen.) Vondaag maakt wi Bruchreken. Wat kunn dat woll ween ? Paul ?
Paul: Aver Fro Schmitt, bi us hett doch kiener een Gipsbeen.
Fro Schmitt: Paul, wat snackst du dor ? Hör to, ik hebb een Koken un dann deel ik de in twee Delen. Wat kriggt nu jedet Kind, wenn dat up twee Kinner updeelt warrt.
Paul: Buukpien, Fro Schmitt.

---

* A

Fro Schmitt: (se grient un schüddelt mit ehren Kopp) Dat is jo wat. Een anner Bispeel. Ik deel en Tafel Schokolaad in twee Delen. Wat kriggst du un wat kriggt dien lüttje Süster ? Tobias ?
Tobias: Ik krieg de heel Tafel un mien Süster kriggt nix.

---

* B

Fro Schmitt: Nu is dat aver genug !! Kiekt her na mi ! Ik hebb en heel Tüüt vull Bontjes un du schasst de in twee Delen updelen. Wo veel kriggt jeder ? Jasmin ?
Jasmin: Mien Broer kriggt een un ik krieg een.
Fro Schmitt: Un wat passeert mit de annern Bontjes ?
Jasmin: De verstopp ik, dormit mien Broer de nich finnen deit.

Fro Schmitt: Ji verstaht dat nich. Ji hebbt weer allens vergeten. Ik will nu weten, wecke dat nich verstahn hett. De schall upstahn.
(Kiener röögt sik.) (Doch up eenmal steiht een up.)

Fro Schmitt: Jan, du steihst up. Du büst doch de Best in´t Reken. Von di harr ik dat jo nich docht.
Jan: Och, Fro Schmitt, ik kunn dat gor nich mehr mit ansehn, dat se dor ganz alleen stahn doot.

Differenzierung:
Variante: Teil *A und *B : Nur mit einer leistungsstarken Gruppe machen, ansonsten auslassen.
Vorgehensweise: siehe S. 7 Nr. 1

Wöörbook

Lex 2

	Book		Kried		Schrievheft
	Klever		Schooltasch		Füller
1+1= 3 4 –2=4	reken		Stohl		Bleistift
	Scheer	Lees- book	lesen		Swamm
	Tafel		Wiesstock		Lineal
	Disch		Feddermapp		

Mien Text:

In mien Schooltasch is een **Book**. Dor is ok een **Schrievheft** in.
Ik bruuk noch een **Feddermapp**.
Schrieven kann ik ok.

Vorgehensweise: siehe S. 7 Nr. 2, dann oben und unten die Wörter des Wörterbuches schreiben und die Bilder anmalen.

Deerten, de buten sünd

1. Fleeg, Flegen
2. Pogg, Poggen
3. Sünnkäver, Sünnkävers
4. Spinn, Spinnen
5. Miegheumchen, Miegheumchens
6. Snigg, Sniggen
7. Haas, Hasen
8. Swienegel, Swienegels,
9. Katteker, Kattekers
10. Vagel, Vagels
11. Reh, Rehn
12. Voss, Vöss
13. Muus, Müüs
14. Imm, Immen
15. Bottervagel, Bottervagels,

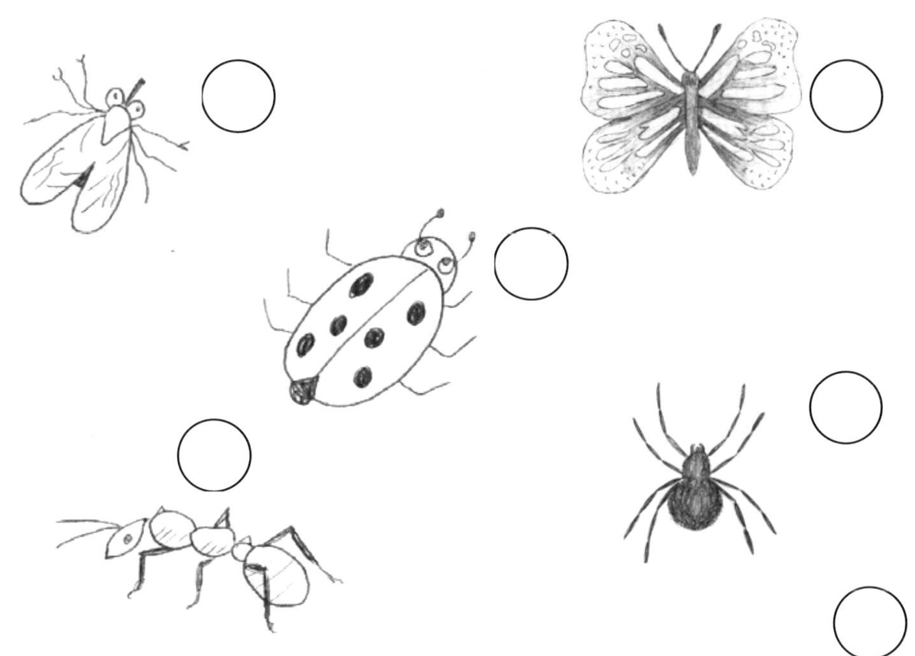

Vorgehensweise: siehe S. 3, Bildkarten in der Größe DIN A 5 herstellen. Auch Wortkarten benutzen.

Deertenleder

(Melodie: My Bonnie is over the ocean, schott. Folksong,) erstmals 1882 von Charles E. Pratt als Bring Back My Bonnie to me veröffentlicht)

Mien Vagel flücht rut ut dat Fenster,
mien Vagel flücht up den neegsten Boom.
Mien Vagel flücht rut ut dat Fenster,
Oh bring mi mien Vagel torüch.
Bring mi, oh bring mi, oh bring mi
den Vagel torüch, torüch.
Bring mi, oh bring mi, oh bring mi
den Vagel torüch.

Mien Katt is nich in´e Köök,
mien Katt is nargends to sehn.
Mien Katt is nich in´e Köök,
Oh bring mi mien Pussy torüch.
Bring mi, oh bring mi, oh bring mi
mien Pussy torüch, torüch.
Bring mi, oh bring mi, oh bring mi
mien Pussy torüch.

Mien Hund leep vondoog weg,
mien Hund will nich mit mi gahn.
Mien Hund leep vondoog weg,
Oh bring mi mien Hund torüch.
Bring mi, oh bring mi, oh bring mi
mien Hund torüch, torüch.
Bring mi, oh bring mi, oh bring mi
mien Hund torüch.

Mien Fisch is nich mehr in sien Water,
mien Fisch swemmt nu in´ n See.
Mien Fisch is nich mehr in sien Water,
Oh, bring mi mien Fisch torüch.
Bring mi, oh bring mi, oh bring mi
mien Fisch torüch, torüch.
Bring mi, oh bring mi, oh bring mi
mien Fisch torüch.

För miene leve Mama

Miene leve Mama,
miene leve Mama.
Ik mag di geern, ik mag di geern.
Höör, wat ik för di singen do.
Kiek, wat ik för di danzen do.
Blots för di.
Blots för di.

(Melodie: Bruder Jakob, Musik: Volksweise)

Dialog: Deerten
(Vorgehensweise: siehe S. 4)

Lex 3

De Haas un de Swienegel

Haas : Moin, Köttbeen. Wo kummst du egentlich von´ e Steed ?
Swienegel: Wees man nich so inbildt ? Ik kaam dor woll hen, wo ik hen mutt.
Haas: Dat glööv ik nich. Du büst so lahm as een Aant.
Swienegel: Pass du man up, dat di kien Jäger doot scheten deit. Dor helpt di dat drocke Lopenkönen ok nix.
Een Jäger keem un dee sien Püster up den Haas hollen.
Swienegel: Kiek, nu is´t so wiet.
Wat´n Glück aver ok. De Jäger schoot vörbi un de Swienegel leep drocke weg. De Haas slaag noch een Haken un weg weer he.
Swienegel:....

Dialog: Deerten
(Vorgehensweise: siehe S. 4)

Trimbolin un Spratopan draapt sik.

Trimbolin is een Deert, de fief Oogen hett. He is bold ümmer an hüppen. Dorbi seggt he: oin, oin, oin, oin. He is ok kugelrund.
Spratopan deit sien Knee af un to hochmaken, mal rechts un mal links. He seggt dann peng, peng, peng. He hett een Oog un ett geern Gummi, t.B. Gummiboren, Raderers, Kaugummis, usw.

Spratopan: Ik hebb so´n Smacht. Hest ´mal even wat to eten ?
Trimbolin: (hüppt) Oin, oin, oin. Nee, glööv ik nich. Oin oin oin.
Spratopan: Hest du nie Smacht ?
Trimbolin: Oh, doch, egentlich ümmer.
Spratopan: Hest wat bi ? Kannst mi wat geven ? Kiek mal in dien Tasch ! (treckt sien Been hoch un seggt: „Peng, peng...“)
Trimbolin: Weet ik nich. Mutt ik even kieken. (He kraamt in sien Tasch rüm.) Oh, hier is wat. (He wiest een Stück Holt.)
Trimbolin: (He lickt mit de Tung över sien Lippen) Een Stück Holt mit Ketchup un Majonäs un baven up een Stück Schokolaad. Lecker.
Stratopan: Dat mag ik nich. Ik mag lever Gummi. Oh, kiek, dor is jo all wat. (Denk di wat ut ! Rad, Tüüt mit Slickereen, liggt Kaugummi up´n Weg. Un, un, un.............) Man gau hen. Dor biet ik mi een Stück rut.
Trimbolin: (bitt an sien Holt rüm, maakt: „Oin, oin, oin“, hüppt hoch un seggt:)
Dat is jo orig, wat de annern so eten doot. Dat geiht jo nix över een Stück lecker Holt. „Oin, oin, oin”.

Röög-di-Geschicht

Lex 3

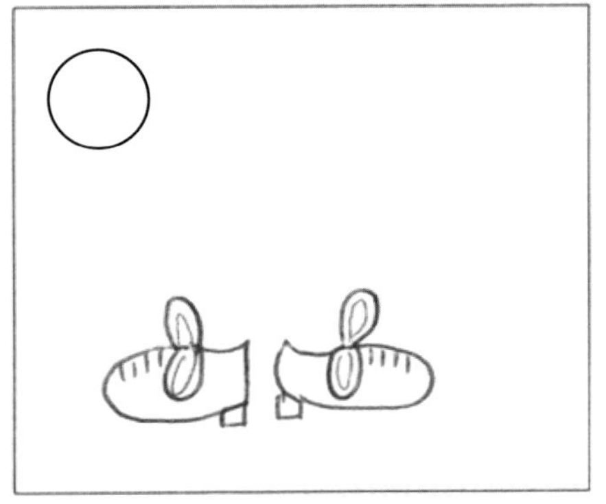

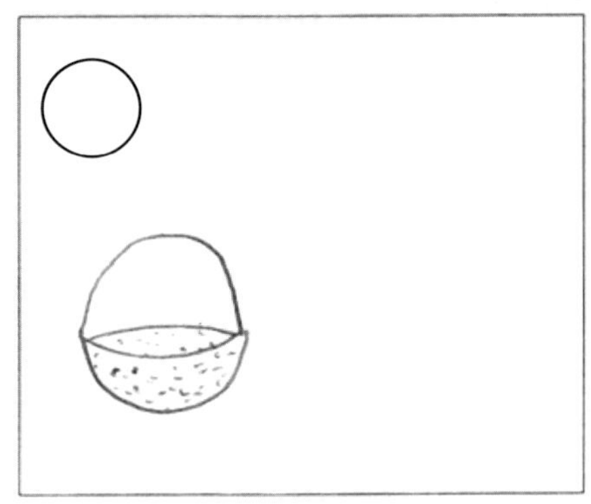

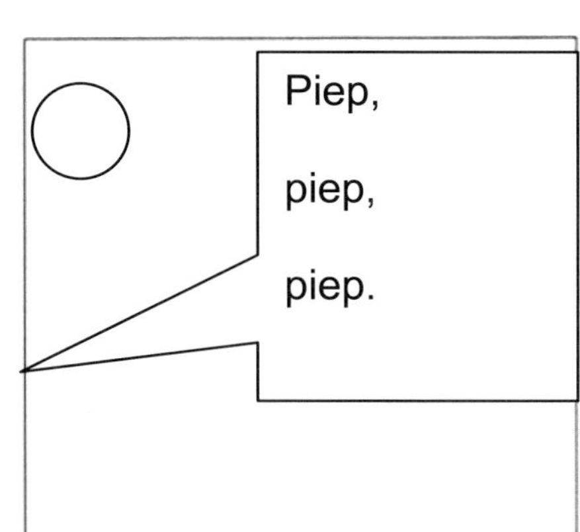

1. De Schoh treck ik mi an.
2. Dann holl ik dat Foor.
3. Nu gah ik na buten.
4. Dor roop ik de Höhner.
5. Nu freet de Höhner.
6. Ut´n Stall höör ik: „Piep, piep !"
7. Ik gah in´n Stall.
8. Lüttje Küken loopt dor rüm.
9. „Oh, wat sünd de sööt !“

Vorgehensweise: siehe S. 5

Theater spelen

Lex 3

De Winnewupp (Hunnewupp) un de Deerten

(Vorgehensweise: siehe S. 7 Nr. 1)

Winnewupp: (Hunnewupp) Moin, ik bün een Winnewupp un ik leev ünner de Eer. Mannichmal maak ik ok swarte Hopens, doch de Minschen möögt dat nich un schellt över mi.

Dor kummt een Imm.

Imm: Moin, Winnewupp! Ik kann rümflegen un Hönnig maken. Wat kannst du denn so ?

Winnewupp: (Kickt blied) Du, ik kann ünner de Eer leven. Un ik kann swarte Hopens maken. De Minschen möögt dat aver nich so geern.

Imm: Dat is nich veel, wat du kannst un ok bannig doof.

Winnewupp: (trurig) Mennst dat.

Imm: Jo! (Summt un flüggt weg.)

Dor kummt een Voss.

Voss: Moin, Winnewupp! Ik kann Höhner jagen, de fangen un dann upfreten. Wat kannst du denn?

Winnewupp: (Kickt blied) Du, ik kann ünner de Eer leven. Un ik kann swarte Hopens maken. De Minschen möögt dat aver nich so geern.

Voss: Dat is nich veel, wat du kannst un ok bannig doof.

Winnewupp: (trurig un lett den Kopp hangen.) Mennst dat.

Voss: Jo ! (Un he löppt drocke weg.)

Dor kummt een Pogg.

Pogg: Moin, Winnewupp ! Ik kann hoch springen un ganz veel Flegen fangen un freten. De Minschen möögt mi. Wat kannst du denn ?

Winnewupp: (Kickt blied) Du, ik kann ünner de Eer leven. Un ik kann swarte Hopens maken. De Minschen möögt dat aver nich so geern.

Pogg: Dat is nich veel, wat du kannst un ok bannig doof.

Winnewupp: (trurig un lett den Kopp hangen.) Mennst dat.

Pogg: Jo ! (Un he hüppt drocke weg.)

Dor kummt een Haas.

Haas: Moin, Winnewupp ! Wat maakst du denn över de Eer. Leevst du nich ünner de Eer und frettst all de Wörmer un Kävers, de kiener bruken deit. Ik mag de nich. Man goot, dat du de frettst. Ik mag lever Gras.

Winnewupp: Ik dank di. Du büst nochmal een goden Fründ. Ik docht al, dat mi kiener lieden mag. Wullt du mien Fründ ween ?

Lex 3

Wöörbook		
Fleeg, Flegen	Miegheumchen/s	Voss, Vöss
Sünnenkäver,s	Snigg, Sniggen	Muus, Müüs
Bottervagel/s	Swienegel/s	Reh, Rehn
Spinn, Spinnen	Vagel, Vagels	Pogg, Poggen
Haas, Hasen	Katteker/s	Imm, Immen

Hasen, Kattekers, Immen, Poggen, Vagels, Swienegels, Bottervagels, Spinnen, Rehn, Sünnkävers, Sniggen, Müüs, Vöss, Miegheumchens, Flegen.

Schriev een egenen Text:

Ik mag **Immen**. Ik mag ok **Poggen** un **Vagels**. **Katteker** mag ik nich. Un du ?

Vorgehensweise: siehe S. 7 Nr. 2

Mien Lief

Lex 4

1.Oog, Ogen
2. Foot, Fööt
3. Hand, Hannen
4. Been Benen
5. Finger, Fingers
6. Hoor, Hoor
7. Tehn, Tehn
8. Ohr, Ohren
9. Tähn, Tähnen
10. Mund Münner
11. Arm, Arms
12. Nees, Nesen
13. Knee, Kneen
14. Kopp, Köpp

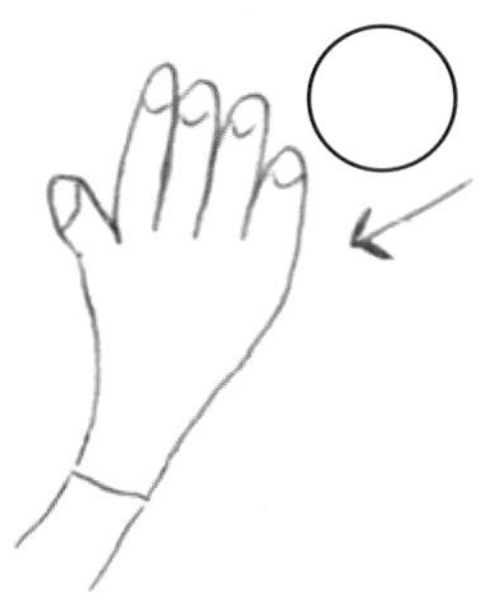

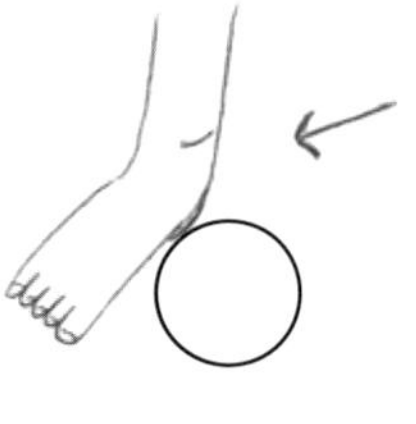
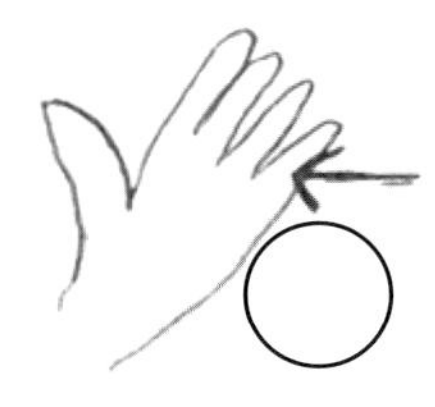
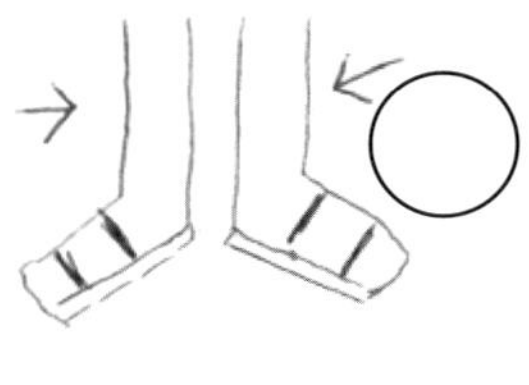

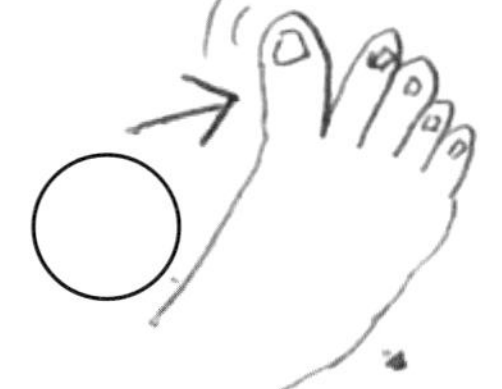

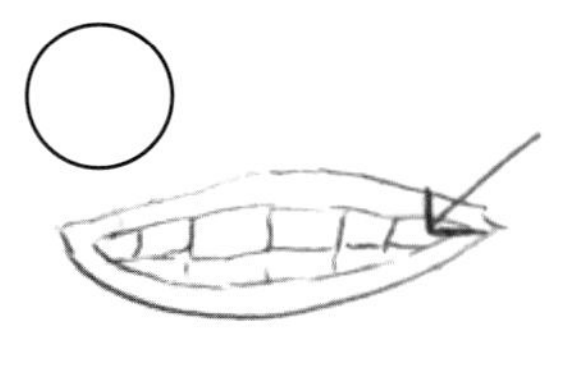
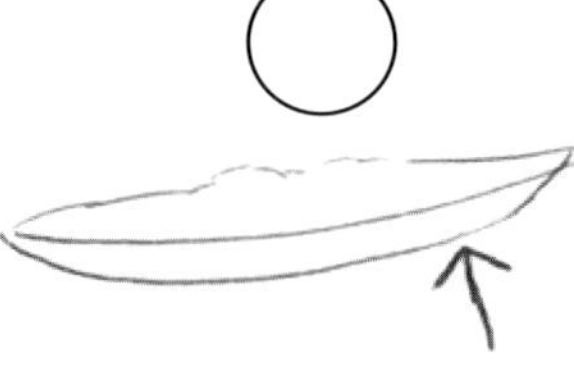

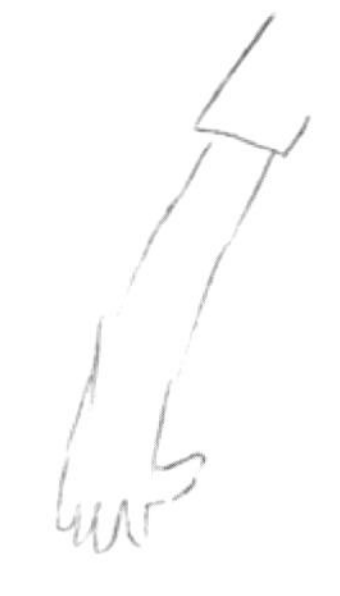

Vorgehensweise S. 3, Bildkarten in DIN A 5 quer herstellen, Wortkarten: 4 Karten von DIN A 4 Hochkantformat herstellen, laminieren und von hinten mit Magnetstreifen versehen.

Kopp un Buuk (Melodie: Head and shoulders, knees and toes, Musik trad.)

Kopp un Buuk, Knee un Tehn - Knee un Tehn

Kopp un Buuk, Knee un Tehn - Knee un Tehn

un Oogen un Ohren un Mund un Nees.

Kopp un Buuk, Knee un Tehn - Knee un Tehn.

(Moors, Böst, Rügg, Finger, Been, Foot, Schuller,
Hals, Arm, Tung, Gesicht, Lipp, Ellboog)

So do ik mi mien Kopp waschen

(Melodie: Here we go round the Mulberry Bush, trad. aus England um 1840)

1. So do ik mi mien Kopp waschen, mien Kopp waschen,
mien Kopp waschen.
So do ik mi mien Kopp waschen, vör´t Fröhstück an´n Morgen.

2. So do ik mi mien Hannen waschen, mien Hannen waschen,
mien Hannen waschen.
So do ik mi mien Hannen waschen, vör´t Fröhstück an´n Morgen.

3. So do ik mi mien Tähnen putzen, mien Tähnen putzen,
mien Tähnen putzen.
So do ik mi mien Tähnen putzen, vör´t Fröhstück an´n Morgen.

4. So do ik mi antrecken, antrecken, antrecken.
So do ik mi antrecken, vör´t Fröhstück an´n Morgen.

3. So do ik mi mien Hoor kämmen, mien Hoor kämmen,
mien Hoor kämmen.
So do ik mi mien Hoor kämmen, vör´t Fröhstück an´n Morgen.

Vorgehensweise: Die Lieder als Bewegungslieder singen, d.h. die Kinder stehen hinter ihrem Stuhl oder im Kreis und singen und bewegen sich zu dem Lied.

Lex 4

1. Dialog 1

Anna: Aua, Aua !
Bea: Wat hest du denn ? Geiht di dat nich goot ?
Anna: Nee. Mien Hals kellt mi so. Ik bün so slapp.
Bea: Legg di man in´t Bett un slaap.
Anna: Jo, goot. Maak ik.
Bea: Dann geiht di dat bold weer beter.
Anna: Jo, ...

2. Dialog 2

Ik bün ok krank. Mien Buuk kellt !

Christian: Papa, help mi !
Papa: Wat is los ? Wat is mit di?
Christian: Ik hebb so´n Hoosten.
Papa: Dat is nich goot.
Christian: Dat warrt all leper, Papa
Papa: Laat us man na´n Docter fohren.
Christian : Jo, Papa ...

---

3. Schriev een egenen Text ! Wat is los? Wat is mit di ? Wat hest du denn ?

Mien Hals Mien Schuller Mien Arm Mien Buuk Miene Fingers Mien Kopp Mien Knee Miene Benen	kellt. kellen.	1. Gah in Bett un slaap man. 2. Gah na´n Docter ! 3. Nimm een Tablett ! 4. Drink di man een Tass Tee ! 5. Röög di man ! 6. Riev di dat mit Saalv in ! 7. Dor mutt een Verband an ! 8. ....

____

____

____

____

____

____

____

Vorgehensweise bei Dialogen: siehe S. 4

Röög-di-Geschicht

Lex 4

1. Dat Hohn kummt: Mien Kopp kellt.
2. De Pogg kummt: Miene Benen kellen.
3. Dat Peerd kummt: Mien Buuk kellt.
4. De Hund kummt: Miene Tähnen kellen.
5. De Katt kummt: Miene Oogen kellen.
6. De Koh kummt: Mien Steert kellt.
7. Dat Swien kummt: Miene Ohren kellen.
8. De Haas kummt: Mien Snuut kellt.
9. De Muus kummt: Laat us na´n Docter gahn.

Vorgehensweise: siehe S. 5, Mit Bildkarten in DIN A 5 quer die restlichen Tiere einführen. (siehe S. 3)

Maal dien egen Monster un stell dat vör !

Lex 4

Mien Monster

Mien Monster hett veer Ogen.
Dat Monster hett twee Ohren un negen Hoor un twee Nesen.
Et hett een Steert, twee Arms, söss Fingers, dree Benen un twölf Tehn.

Lett mien Monster nich fein ?

Dat is mien Monster

____

____

____

____

____

____

____

____

Vorgehensweise: Die Wörter zum Körper mit den Bild- und Wortkarten wdh. Dann evt. ein Monster an die Tafel malen und beschreiben lassen. (mehrfach) Das Buch auf S. 24 aufschlagen und das Monster beschreiben lassen. Dann evt. den Text lesen, der auch als Vorbild für den eigenen Text genommen werden kann. Die Schüler malen nun ein eigenes Monster. Besser ist, sie malen es auf ein DIN A 4 Blatt. Die Körperteile müssen zählbar sein (nur bis 20) und groß und deutlich gezeichnet werden. Diese Monster werden eingesammelt und das nächste Mal aufgehängt und von dem Maler beschrieben. Nicht mit Lob und Applaus sparen.

Tommy Henken un sien Deerten

Lex 4

Tommy Henken is een groten Kerl. He kann Deerten helpen, de dat nich goot geiht.
Een Peerd kummt.

Peerd: Moin, Tommy.

Tommy: Moin, Peerd. Wat maakst du hier ?

Peerd: Mi kellt mien Rügg un miene Achterbenen doot mi sehr.

Tommy: Laat mi even kieken.

He nimmt dat ene Been, ritt dor an un dann nimmt he dat anner Been un treckt dor an.

Tommy: Nu beter ?

Dat Peerd röögt sik un schüddelt siene Benen.

Peerd: Jo. Goot. Dank di.

Dat Peerd löppt drocke weg.

Een Hund kummt anspringen.

Hund: Moin, Tommy.

Tommy: Moin Hund. Wo geiht di dat ?

Hund: Mien Rügg is scheef. Kiek, ik kann gor nich lopen, so as ik schall. (He löppt un springt dorbi stännig in ´e Hööchd.)

Tommy packt em up´n Rügg un tippt up siene Benen.

Tommy: Un nu ? Beter ?

De Hund wackelt mit sien Moors un schüddelt siene Vörderbenen. He löppt mal hen un her.

Tommy: Wat is nu ?

Hund: Jo, veel beter. Dank di. (He löppt drocke weg.)

Een Esel kummt anlopen.

Esel: Moin.

Tommy: Moin, Griesboort. Wat wullt du denn hier ?

Esel: Kiek, wat ik kann.

He nickkoppt, kann aver nich den Kopp na rechts un links dreihen.

Esel: Mien Kopp dreiht nich mehr.

Tommy kickt em deep in´e Oogen.

Tommy: Un wo is dat nu ?

Esel: Nee, nee, nee. (He dreiht dorbi den Kopp hen un her) Et geiht weer. Dank di. Nu man gau na Huus.

Tommy: Fieravend. Mien Magen knurrt. Wat hett Catrin woll kookt ? Een Steak ? Een Schnitzel ? Een Braden ? Mmmm, dat rückt all goot. (geiht af un strickt sik övern Buuk).)

Vorgehensweise: siehe S. 7

Wöörbook

Lex 4

Hand, Hannen	Tehn, Tehn	Arm, Arms
Finger, Fingers	Ohr, Ohren	Nees, Nesen
Foot, Fööt	Mund, Münner	Knee, Kneen
Been, Benen	Tähn, Tähnen	Kopp, Köpp
Hoor, Hoor	Oog, Ogen	

Kopp, Tung, Hals, Schuller, Moors, Knee, Duum, Back, Böst, Ellboog

Schriev een egenen Text:

Ik hebb **veer Oogen**.
Up´n Kopp hebb ik **söss Hoor**.
Ohren hebb ik nich.
Twee Tähnen sünd in mien Mund. Dann hebb ik noch **twee Nesen**.

Maal mi:

Vorgehensweise: siehe S. 7 Nr. 2

5. Mien Familie

Vorgehensweise: siehe S. 3, dann evt. lesen und anmalen.

Lex 5

Moder, Mama, Mamm´, Vader, Papa, Pappen

Ik heet Neele.Kiek, dat is mien Familie. Dat sünd mien Öllern. Moder (Mama, Mamm´) is lüttjet un mien Vader (Papa, Pappen) is groot.

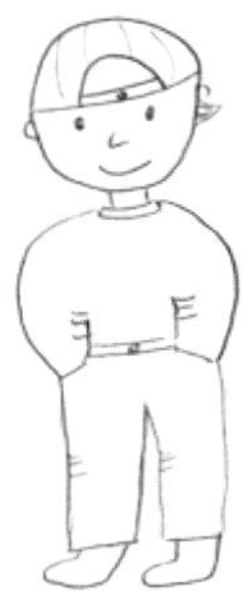

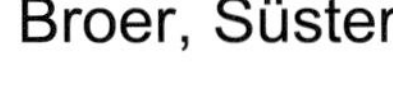

Broer, Süster

Dat is mien Broer Walter. He is 8 Johr oolt. He mag geern mit Lego spelen. Un he argert mi mannichmal.

Grootöllern, Grootvader, Grootmoder, Oma, Opa

Oma hett een Brill up de Nees un Opa is noch gor nich so oolt. Mannichmal bün ik bi Oma und dann backt wi Koken. De smeckt immer goot.

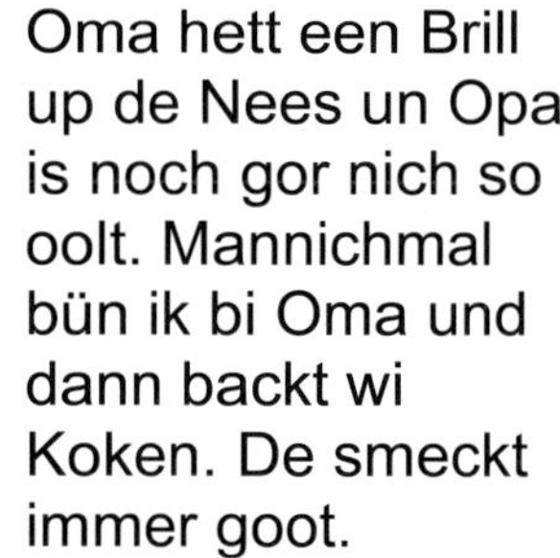

Unkel, Tant

Ik hebb noch´n Tant un een Unkel. Se hebbt een Buernhoff. Dor bün ik ok geern.

Över mien Verwandtschop (Melodie: Ich lieb den Frühling .., Musik aus England, überliefert))

Ik mag mien Mamm´, ik mag mien Pappen,
Ik mag mien Unkel un ok mien Tant.
Ik hebb de all leev, so is dat bi mi.
Di dum di da, di dum di da.
Di dum di da, di dum di da.
Di dum di da, di dum di da.
Di dum di da, di dum di da.

Ik mag mien Süster, ik mag mien Broer,
Ik mag mien Oma un ok mien Opa
Ik hebb de all leev, so is dat bi mi.
Di dum di da, di dum di da.
Di dum di da, di dum di da.
Di dum di da, di dum di da.
Di dum di da, di dum di da.

Miene Familie (Melodie: Bruder Jakob, Musik: Volksweise)

Miene Familie, miene Familie.
All sünd se dor.
All sünd se dor.
Geern hebb ik se all.
Geern hebb ik se all.
Du doch ok.
Du doch ok.

Dialog

Bi´t Fröhstück

Mamm´: Stah up ! Fröhstück steiht up´n Disch.

Pappen: Jo, ik kaam.

Mamm´: Schall ik noch een of twee Eier koken.

Pappen: Jo, ik mach woll twee. Giffst du mi mal den Kees.

Mamm´: Hier hest den Kees.

Pappen: Wecke hett dann den Kees ankaut ?
Kiek di dat mal an ?

Mamm´: Jo, dat is jo arig. Wenn dat man nich
een Muus ween is.

Pappen: Smiet den Kees weg. Den mag ik nich mehr.
Ik söök foorts ´ne Müüsfall un stell de up.

Mamm´: Dat maak man.

Vorgehensweise: Die Lieder oben können auch am Muttertag verwendet werden. Das 1. Lied dient zur Festigung des Wortschatzes und gehört noch in die Stunde, wo der Wortschatz eingeführt und geübt wird, kann aber auch in den folgenden Stunden (auf Wunsch der Schüler) immer wieder gesungen werden. Dialogarbeit: siehe S. 4.

Mien Familie

1. To mien Familie hören: twee Bröer, dree Süstern, een Oma, mien Mamm´ un mien Pappen.

2. To mien Familie hören mien Pappen, mien Unkel, mien Opa, mien twee Bröer.

3. To mien Familie hören mien Mamm´, mien Pappen, mien Süster un mien Oma.

4. To mien Familie hören mien Süster un mien Mamm´.

1. Maal de Familien !

2. Maal dien Familie un schriev dorto !

Vorgehensweise: Mit den Bildkarten und Wortkarten werden die Begriffe wdh. und/oder man schreibt den ersten Buchstaben von allen Begriffen an und die Kinder erraten, was das ist. (Immer sprechen und nachsprechen lassen). Evt. eine Famlie an der Tafel zusammenstellen (Bildkarten) und beschreiben lassen. Buch S. 29 aufschlagen und oben lesen oder vorlesen. Evt. die Bildkarten an der Tafel so ordnen. Die Kinder malen zuletzt die Familien und zuletzt ihre eigene Familie, zu der sie auch einen Text wie oben schreiben sollten. Beim Vorstellen der eigenen Familie sollte Lob und Applaus nicht fehlen.

1. Schriev dat richtig hen !

Lex 5

reorB retsüS amO apO redavtoorG redomtoorG

____

____

redaV redoM ´mmaM neppaP apaP leknU tnaT

____

____

VADERMODERSÜSTERBROERUNKELTANTGROOTÖLLERNOMAOPAPAPA

____

____

2. Striek dat Verkehrte dör !

Broer, Füller, Süster, Grootvader, Unkel
Süster, Pappen, Tant, Lineal, Moder
Vader, Grootvader, Bleistift, Grootmoder, Oma
Moder, Grootöllern, Schooltasch, Tant, Vedder
Mamm´, Pappen, Vader, Grootvader, Tafel, Vedder
Vedder, Kusien, Grootmoder, Scheer, Unkel
Tante, Oma, Opa, Moder, Vader, Schrievheft
Öllern, Vader, Bleistift, Moder, Tant, Opa

3. Find dorto 4 Wöör un schriev de up:

School:	Farven:	Familie:	Tahlen :	Deerten:
________	________	________	________	________
________	________	________	________	________
________	________	________	________	________
________	________	________	________	________

Röög-di-Geschicht

Lex 5

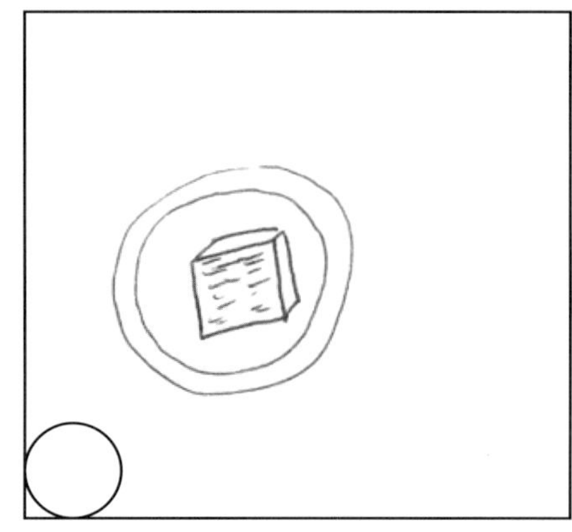

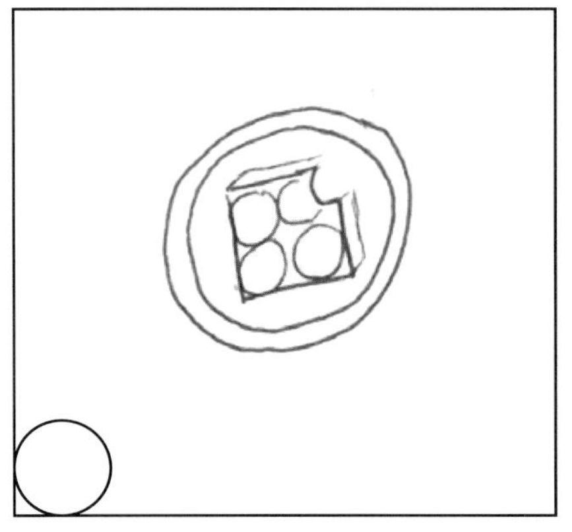

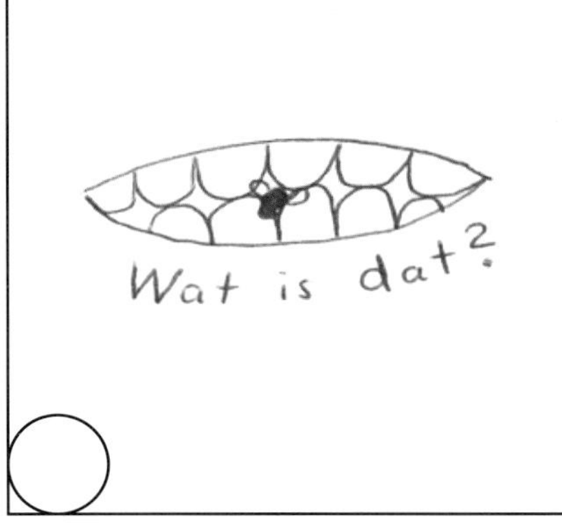

1. Ik sitt bi´t Fröhstück.
2. Mien Tee is heet.
3. Ik schmeer mi een Botterbroot.
4. Dann legg ik Wust up mien Botterbroot.
5. Nu biet ik een Stück von mien Botterbroot af.
6. Dat smeckt goot.
7. Ik drink mien Tee.
8. Aver wat is dat ? Ik hebb wat in mien Mund.
9. Ik spütter dat ut. Een Fleeg was in mien Tee.

Moin !

Vorgehensweise: siehe S. 5

De Öllern von Silke un Jan

Lex 5

Dat is mien_______________.

Ik bün ehren_______________.

Ehr Ogen sünd __________.

Ehr Hoor is_______________.

Se mag geern_____________.

nhöS,redoM, ualb, nöörg, nuurb, seirg, nekok, traws, dnolb, elleh

Dat is mien ______________.

Ik bün sien ______________.

Sien Hoor sünd_________.

He mag bannig geern______
_________________________.

He mag _________________.

redaV, neppaP, rethcoD, lleh, dnolb, traws, nuurb, nepol, ittehgapS

Vorgehensweise: Die Begriffe zur Familie werden wdh. Der Lehrer hält alle Bildkarten verdeckt vor den Bauch und fragt: Wecke is dat ? Dat is de Vader, Süster, usw. S. 32 wird aufgeschlagen und die Wörter gelesen. Nun versuchen die Schüler die Wörter mündlich einzufügen und den Satz vorzulesen. Am Ende könnten Schüler den gesamten Text vorlesen. Dann wird der Lückentext bearbeitet und die Bilder angemalt.

Familien: Ok dat sünd Familien. Glöövst du mi dat ?
Schriev up, wecke all to de Familien hören doot !

Lex 5

Sketch: Karl draapt Fiete.

Karl: Vonavend kummt jo een upregend Spill up Sky (Betahlsender).
Fiete: Jo.

Karl: Bayern speelt tegen de Bremers.
Fiete: Jo.

Karl: Dat is bestimmt een dramaatsch Speel.
Fiete: Jo.

Karl: Hest du ok Beer in´t Huus ?
Fiete: Jo.

Karl: Du hest doch ok Sky.
Fiete: Jo.

Karl: Wullt du dat denn ok kieken ?
Fiete: Jo.

Karl: Kann ik dat bi di mitkieken?
Fiete: Nee.

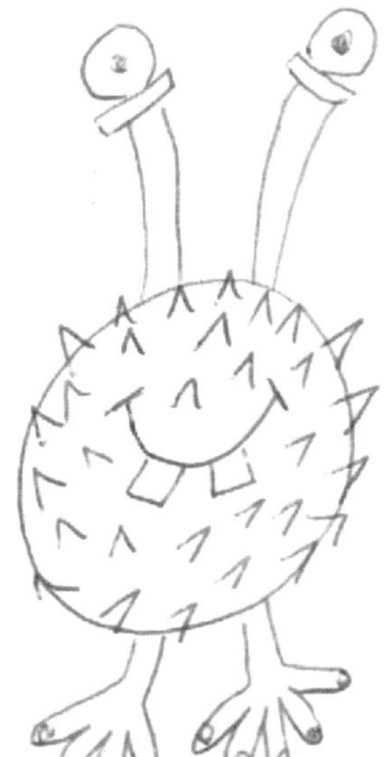

Sketch: Up Visiet

Petra: Moin Opa. Wo geiht di dat ?

Opa: Moin Petra. Wo verdreiht is dat ? Wat schall verdreiht ween ?

Petra: Nee, Opa, geiht di dat goot ?

Opa: Mien Hoot is in Flur an´n Haken. Wat wullt du mit mien Hoot ?

Petra: Nee, nee dien Hoot bruuk ik nich. Wi wassen vondoog swemmen.

Opa: Wat seggst du. Du hest dien Hoor kemmt.

Petra: Nee, nee, Opa, ik kaam morgen weer.

Opa: Jo, dat is goot. Kaam du morgen man weer.
So hebb ik morgen ok Besöök.

Vorgehensweise: siehe S. 7 Nr. 1

Wöörbook

Lex 5

Moder, Mamm´, Mama __________ __________	Grootvader, Opa __________ __________
Vader, Pappen, Papa __________ __________	Grootmoder, Oma __________ __________
Broer __________ __________	Tant __________ __________
Süster __________ __________	Unkel __________ __________

Vedder, Kusien, Grootöllern, Öllern

Schriev över een Familie:
(Denk di een ut !)

Ik heet **Tommy**.
Mien Broer heet **Tim** un
mien Süster heet **Marie**.
Us **Moder** is bi us.
Us **Vader** is woanners.
(wahnt ok hier.)
He (Se) wahnt in Molbergen.
Wi hebbt ok een **Katt**.
Se heet **Miezi**.

Vorgehensweise: siehe S. 7 Nr. 2

Mien Tüüch

Lex 6

1.

6. T-Shirt
10. Büx
7. Schoh
8. Bluus
9. Pullover
5. Kleed
3. Hemd
12. kötte Büx
2. Strümp
11. Unnerbüx
1. Bikini (Badeantog)
4. Hoot

Dat gifft ok noch:

Mütz
Halsdook
Strumpbüx
Gummistevel

Vorgehensweise: siehe S. 3 mit Wort- und Bildkarten

2. **Wat köönt wi doon ?**

1. Wat hebb ik an. Beschriev di sülbens !
Ik hebb /een/ene ... an.
2. Wat hett een in´e Klass an. De annern mööt dat roden. Wecke is dat ? Dat Kind hett /een/ene ... an.

3. **Maal an !**

Ik hebb een rode Kapp, een blau T-Shirt un een grönen Schaal. Mien Hemd is geel un mien Büx is bruun.

Mien Tüüch

Lex 6

1.

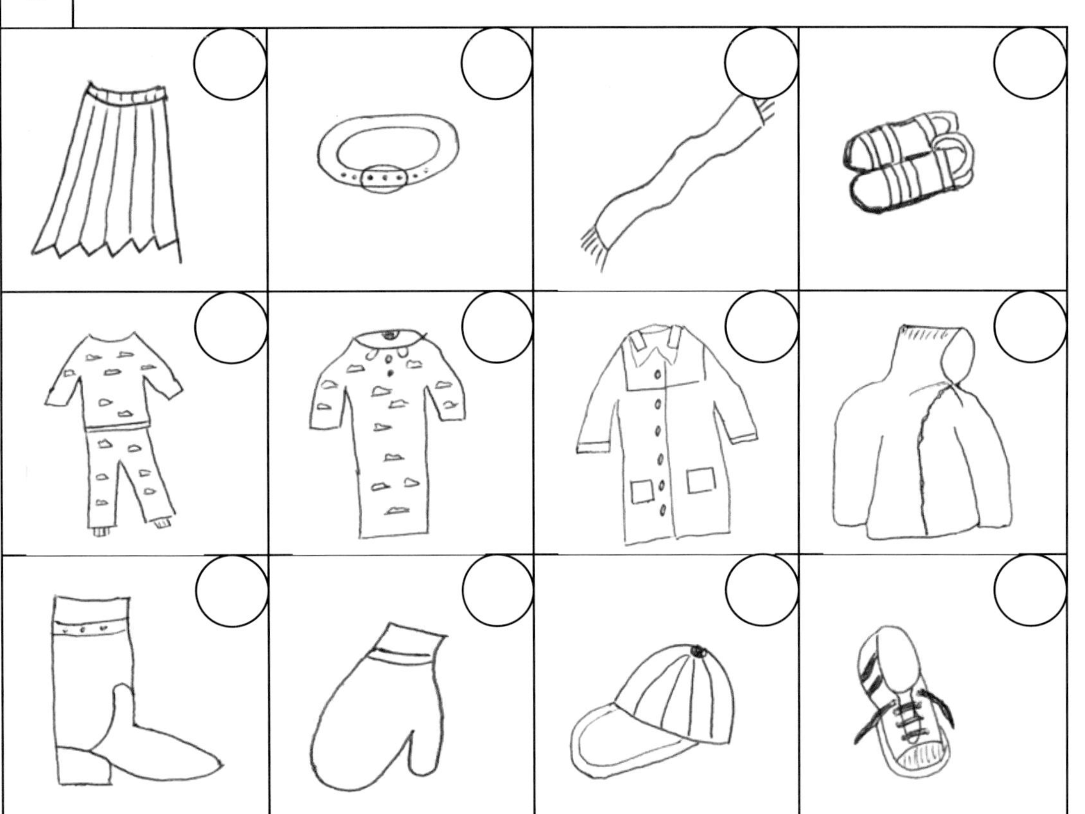

5. Rock
6. Reem/ Göddel
7. Schaal
3. Sandalen
8. Slaapantog
9. Nachthemd
10. Mantel

1. Jack
11. Stevel
2. Handsch
12. Kapp
4. Turnschoh

Vorgehensweise: siehe S. 3 mit Wort- und Bildkarten

2.

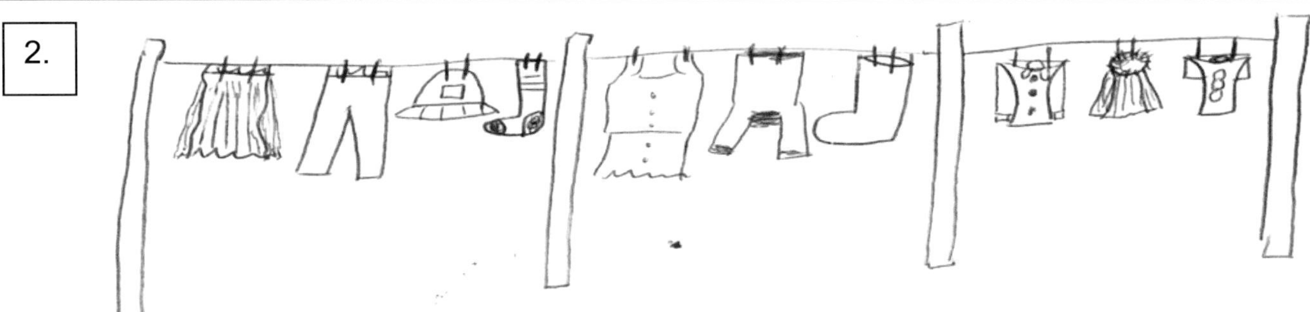

Upgaav: Een Schöler seggt dat Woort un de anner Schöler wiest dor up.

3.

Wat hett Klara an:

____

____

____

____

____

Lex 6

Kannst du dat all ?

Kannst du di de Kapp upsetten ? Jo, jo, jo !

Kannst du di den Pullover antrecken ? Jo, jo, jo !

Kannst du di de Büx antrecken ? Jo, jo, jo !

Kannst du di den Schaal ümbinnen ? Jo, jo, jo !

Kannst du di de Turnschoh dicht maken ? Jo, jo, jo !

Kannst du di de dicke Jack dicht knöpen ? Jo, jo, jo !

(de Mütz upsetten, dat T-Shirt antrecken, de Strümp antrecken, een Hoot upsetten, een Reem ümdoon, Stevels antrecken)
All :
Dat geiht fix. Kiekt em/ehr/mi an.
Nu is de Anner/dat Neegste d´ran.

Upgaav: Wi seggt dat in twee Gruppen, dann tuusket wi.

Mi is warm (Spreekgesang: 1,2,3, Pause)

Mi is warm. Do dien Mütz af.
Mi is warm. Treck dien Jack ut.
Mi is warm. Treck dien Pullover ut.
Mi is warm. Treck dien T-Shirt ut.
Mi is warm. Treck dien Stevels ut.
Mi is warm. Treck dien Strümp ut.

Oh, wat geiht mi dat goot.

Mi is koolt. Treck dien Strümp an.
Mi is koolt. Treck dien Stevels an.
Mi is koolt. Treck dien T-Shirt an.
Mi is koolt. Treck dien Pullover an.
Mi is koolt. Treck dien Jack an.
Mi is koolt. Do dien Mütz up.

Vorgehensweise: Die Kinder machen die Bewegung zu dem Sprechgesang und sprechen dazu. Dann 2x pa und 1x kla bei „Mi is warm.“ und „ Mi is kool.“ , dann wird die Bewegung gemacht. Alle Kinder sprechen immer mit.

Lex 6

Mien Tüüch

1. Dialog:

Verköperin: Moin.

Nora un Wolfgang: Moin.

Verköperin: Wat kann ik för jo doon ?

Nora : Ik söök ene (**gröne/blaue/ rode/gele)** Kapp. De Footballmannschaft (**Werder Bremen/ Hamburger Sportvereen/ Bayern München/ Borussia Dortmund)** hebbt de.

Verköperin: Hier is een. Lett de nich fein ?

Nora: Jo, de mag ik lieden.

Wolfgang: Ik mag de nich lieden. Sett de af. De Kapp harrn de letzt Johr.

Nora: Mennst du.

Wolfgang : Jo. Disse Kapp lett goot. De hebbt de nu. Sett de mal up.

Nora: Jo. De is cool. De nehm ik.

2. * Mien egenen Text :

Ik mag blaue un witte Jacken.
Ik mag kiene swarten Schoh.

____

____

____

____

3. * *Schriev noch een Text:

Ehr Kapp is root. Dor is een grönen Vagel up. Ehr T-Shirt is witt un dor is een Krokodil up. Ehr Jack is geel un ehr Büx is blau.
De Strümp sünd pink un de Turnschoh sünd bruun.

Maal:

____

____

____

____

Mien Clown

Lex 6

Ik hebb ene gröne Büx an un een roden Hoot up.
Mien Nees is root. Witt is mien Mund un geel is mien Gesicht.
Mien Schoh sünd bannig groot un blau un root.
Mit mien blau Jack un mien roden Hoor laat ik heel goot.
Dat Hemd is gröön un geel gestriept.
De Blomen sünd geel un root un de Tuut is bunt.

Aufgabe: Der Lehrer malt an die Tafel einen Clown. Er sagt nun, z.B. Sien Hoot is gröön. Ein Schüler muss nun so den Hut anmalen, usw. Dann wird der Text gelesen und Begriffe geklärt, die die Kinder nicht kennen. Die Schüler/Schülerinnen malen nun den Clown an.

Röög-di-Geschicht

Lex 6

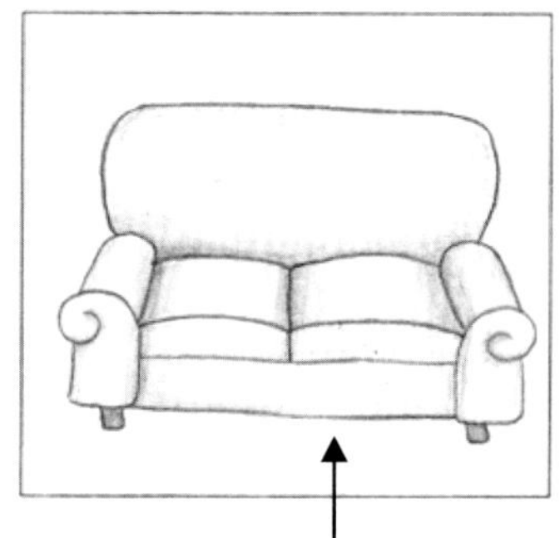

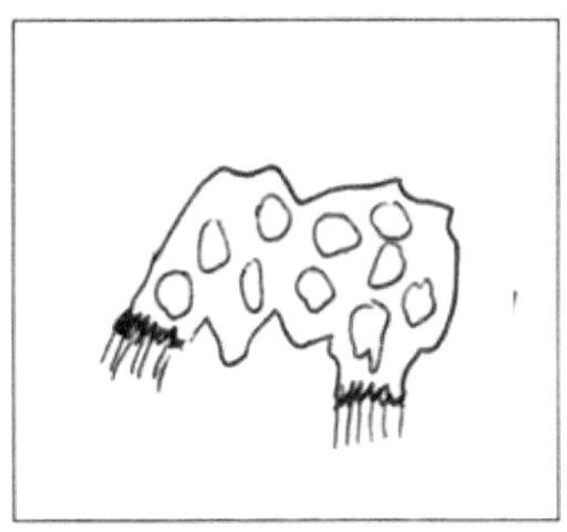

1. Dat is Viddel vör acht.
2. Wo sünd mien Turnschoh ?
3. Sünd de ünner dat Sofa ?
4. Sünd de in´ t Schapp ?
5. Sünd de achter dat Sofa ?
6. Sünd de up dat Schapp ?
7. Sünd de ünner de Deck ?
8. Doggy, hest du de ?
9. In Doggys Körf is blots mien Jack.

Vorgehensweise: siehe S. 5

Sketch

De Bremer Stadtmusikanten bi DSDS

(Düütschland söcht den Superstar)

Lex 6

De Esel kummt.

Esel: Mien Herr wull mi nich mehr. Ik kunn de Arbeit nich mehr doon. Ik bün ok to oolt. Do bün ik weglopen. Aver singen kann ik noch. Hört: I a I a I a Ia.

Een Hund kummt.

Hund: Moin Griesboort, wo wullt du denn up dal ?
Esel: Ik will na DSDS un singen un een Star worrn. Kumm man mit. Du kannst doch goot bellen.
Hund: Jo, dor in bün ik goot in. Wuff, wow, wuff, wow.
Esel: I a I a I a Ia.

Een Katt kummt.

Katt: Wat höör ik dor. Miau, miau. Wo wüllt ji up dal ?
Esel: Na DSDS un singen. Kumm mit ! Höör to: I a I a I a Ia.
Hund: Wuff, wow, wuff, wow.
Katt: Dat kann ik ok. Miau, miau, miau, miau.

Een Hohn kummt.

Hohn: Wat höör ik dor ? Kikeriki.
Esel: Wi wüllt na DSDS. Kumm man mit. Du kannst doch goot kreihen.
Hohn: Dat kann ik. Kikeriki, kikeriki.
Esel: I a I a I a Ia.
Hund: Wuff, wow, wuff, wow.
Katt: Miau, miau, miau, miau.

Se kaamt bi DSDS an.

Esel: Moin. I a I a.
Hund: Moin. Wuff, wow.
Katte: Moin : Miau, miau.
Hohn: Moin. Kikeriki, kikeriki.

Dieter Bohten: Moin. Wat köönt ji denn ? (depe Stimmen)
Bruce Vurnell: Moin. Wat köönt ji denn ? (amerikanischen Akzent)
Smucke Fro: Moin. Wat köönt ji denn ? (hoge Stimmen)

Sketch
De Bremer Stadtmusikanten bi DSDS

Lex 6

2. Deel

Esel: Singen.
Hund: Singen.
Katt: Singen.
Hohn: Singen.
Bruce Vurnell: Fangt an.

De Esel, de Hund, de Katt un de Hohn bölkt all dörnanner un sünd heel luut.

Bohten, Vurnell un de smucke Fro hollt sik de Ohren dicht.

Bohten: Dat was aver nich fein (moi).
Vurnell: Dat was gor nich fein.
Smucke Fro: Dat kunn man sik nich anhöör´n.

Esel: Nee e e e.
Vurnell: Nee. Beter, ji gaht weer !

Esel: Schaad.
Hund: Schaad.
Katt : Schaad.
Hohn: Schaad.
All laat se den Kopp hangen un gaht rut.

Katt: Neegst Johr kaamt wi weer.
Bohten: Blots nich. Blievt blots weg.
Dat weer gresig mit jo.

Wöörbook

Lex 6

Turnschoh	Göddel,s/ Reem,s Remen	Stevel, s
Jack,e/en	Handsch,en	Slaapantog, -töög
Hoot, Hööd	Nachthemd,en	Rock, en
Sandaal/ Sandale,n	Kapp, en	Pullover, s
kötte Büx, en	Mantel, s	T-Shirt, s
Strump,Strümp	Bikini	Büx, en
Hemd, en	Schaal, Schalen	Kleed, Kleder
Bluus, Bluse, n	Schoh	Ünnerbüx, en

1. Schriev een egenen Text:
*

Ik hebb (**een Jack/een Anorak/ een Mantel)** an. Mien Büx is (**blau/ root/ swart/ gröön).**

2. Schriev een egenen Text:
**

Mien (**Hoot / Mütz)** is **gröön**. Dat **T-Shirt** is **root** mit **blauen** Blomen. Mien **Büx** is **blau** un de **Strümp** sünd **geel.**
Ik hebb **Turnschoh** an.

Vorgehensweise: siehe S. 7 Nr. 2

Eten: Fröhstück

Lex 7

1. Water
2. Melk
3. Broot
4. Botterbroot
5. Marmelaad
6. Koffe
7. Hönnig
8. Wust
9. Botter

Dit seggt wi ok up Hochdüütsch:

10. Kakao
11. Ei
12. Schinken
13. Brötchen
14. Cornflakes
15. Tee
16. Saft
17. Margarine
18. Jogurt
19. Quark
20. Müsli

Vorgehensweise: siehe S. 3 mit Bild- und Wortkarten.

In usen lüttjen Appel

(Text und Melodie: In unserem kleinen Apfel von W.A. Mozart, Text: volkstümlich)

1. In usen lüttjen Appel,
   dor süht dat lustig ut,
   dor sünd woll fief Kamers in,
   so as in een Huus.
2. In jede Kamer wahnt,
   twee Kerns, bruun un lüttjet,
   se slaapt dor un dröömt
   von warmen Sünnenschien.
3. Un all Appelkerns
   de hebbt dissen Droom,
   dat eenmal ut se warrt
   een neen Appelboom.
4. Wenn wi den Appel eeten doot,
   dann kaamt se dor rut.
   Wi doot se in´e Eer trüch,
   in´ n Goorn vör dat Huus.
5. Dann warrt ut jeden Kern
   een Boom, de wasst nu ran,
   een Boom mit grönen Bloer
   un velen Appeln an.

Maal een Appel von binnen:

Eten mit Appels:
Wat gifft dor allens ?

Speelt den Dialog:

Mario: **Moin.**
Papa: Moin.
Mario: **Ik hebb Smacht.**
Wat gifft dat to´n Fröhstück ?
Papa: Toast mit Wust ?
Kannst ok Toast mit Kees kriegen.
Mario: **Jo, Toast mit Wust.**
Dat is goot. Dat mag ik.
Papa: Un to drinken.
Mario: **Kannst du mi Tee inschenken ?**
Papa: Jo, kloor.
Do dien Tass her !
Mario: **Dank di, Papa.**
Papa: …

Vorgehensweise: einen Apfel mitbringen, ihn durchschneiden und betrachten. Darüber reden. Dann das Lied singen. Öfters. Nun Sätze zum Apfel in Plattdeutsch bilden lassen. Dann kommt der Dialog dran: siehe S. 4 . Am Ende werden die Bilder zum Apfel oben ausgemalt.

1. Dialog

Bi´n Slachter

Lex 7

Verköperin: Moin.
Herr Müller: Moin.
Verköperin: Wat kann ik för ehr doon ?
Herr Müller: 200 Gramm von de Wust un von de anner Wust, ik glööv, dat is Mettwust, ok noch 150 Gramm.
Verköperin: Hebbt se noch een Wunsch ?
Herr Müller: Jo, twee Steaks, een Pund Swienebraden, twee Braadwüst un noch 300 Gramm Hackfleesch.
Verköperin: Dat sünd twölf Euro un 70.
Herr Müller: (gifft dat Geld) Danke un Tschüüs.
Verköperin: Tschüüs, un noch een goden Dag.

Bockwust, Schnitzel, Geschnetzeltes, Rulladen, ...

Vorgehensweise: Dialoge siehe S. 4

---

2. Botterbroot Party (Botterbroot RAP)

Wi sünd de Kinner mit den Botterbroot Beat.

Wi hebbt Smacht un wi wüllt eten.

Ik mag een Botterbroot mit Botter un Schinken.

Ik mag een Botterbroot mit Marmelaad.

Ik mag een Botterbroot mit Fleeschsalat.

Ik mag een Botterbroot mit Salat un Kees.

Un vergeet nich de Tomaten.

Dissen coolen RAP is nu vörbi.

Wi hebbt nu all us Botterbroot - wow

Wust,
Paprika,
Nutella,
Mettwust
Plumenmus
Smeerkees
Fleeschsalat

Noch mehr Wöör:
Mess, Gavel, Lepel, lüttjen Lepel, Körf, Serviett, Deck, holten Lepel, Kookpott, Braadpann, Glas, Töller, Herd, Beker, Teelepel, Mixer, Kumm, Pott, Fröhstück, Middageten, Vesper, Avendbroot

Vorgehensweise: Rhythmus: 1,2,3, Pause **oder** 2x pa dann 1x kla und Pause. Bei jeder Zeile 2x den Rhythmus. Die Lebensmittel können ausgetauscht werden. Ein kreativer Umgang ist erwünscht !

1. Ik mag....,	Ik mag ....nich.	Ik mag kien.....	Lex 7

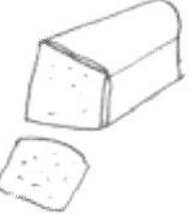
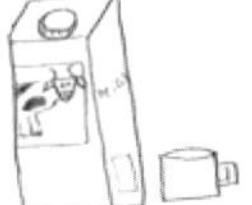

Jens							
Laura							

Upgaav: Gah rüm un fraag dien Mitschölers un schriev dat up !
Fraag so : Magst du Hönnig ? (Wust, Eier, Broot, Melk, Schinken, Tee.)
Nu vertell över dien Schoolkameraden:
Jens/Laura mag.... Jens/Laura mag... nich. Jens/Laura mag kien.... .
Loff un Applaus dröfft nich fehlen !

2. Wo heet dat richtig ! Dreeg de Nummern in !

- ◯ Un Tschüüs. Noch´n goden Dag.
- ◯ Moin. Wat kann ik för ehr doon ?
- ◯ Jo. Hier sünd 53 Cent.
- ◯ Ik wull woll een Buddel Appelsaft.
- ◯ Tschüüs.
- ◯ Moin.
- ◯ Dat sünd 53 Cent. Hebbt se Kleengeld ?

Upgaav: Dreegt dat för ! Speelt den Dialog !

Röög-di-Geschicht

Lex 7

1. Ik stah up.
2. Doch ik bün noch mööd.
3. Ik wasch mi. Oh, wat is dat Water koolt.
4. Nu gah ik fröhstücken.
5. Ik eet een Botterbroot mit Wust un Kees.
6. Dat smeckt mi goot.
7. Wat is dat ? Ih, een Ruup krüppt övern Disch.
8. Mien Süster seggt: „Wi bringt ehr na buten.“
9. Se nimmt de Ruup un bringt se in´n Goorn .

Vorgehensweise siehe S. 5

De dicke fette Pannkoken (vonKarl Müllenhoff 1818 –1884, leicht verändert)

Lex 7

Dor sünd mal dree olle Wiever west, de hebbt geern Pannkoken eten wullt. Do geev de eerste´n Ei dorto her, de twete geev Melk, de drütte Fett un Mehl. As de dicke fette Pannkoken fardig was, richt he sik in de Pann in´e Hööchd un leep de dree ollen Wiever weg un leep ümmer wieder un leep kantapper, kantapper in´n Wald rin.

Dor keem em een **lüttjen Hasen** in´e Mööt un de reep:
„Dicke fette Pannkoken, bliev stahn, ik will di freten !"

De **Pannkoken** see:
„ **Ik bün dree olle Wiever utknepen, un sull di, Haas Wippsteert, nich utknippen ? "** un leep kantapper, kantapper in´n Wald rin.

Dor keem een **Wulf** anlopen un reep : „ **Dicke fette Pannkoken, bliev stahn, ik will di freten ! "**

De **Pannkoken** see: **„Ik bün dree olle Wiever utknepen, den Haas Wippsteert, un sull di, Wulf Dicksteert, nich utkniepen?"** un leep kantapper, kantapper in´n Wald rin.

Dor keem een **Zeeg** anlopen un reep: „ **Dicke fette Pannkoken, bliev stahn, ik will di freten ! "**

De **Pannkoken** see: **„Ik bün dree olle Wiever utknepen, den Haas Wippsteert, un Wolf Dicksteert, un sull di, Zeeg Langboort, nich utkniepen?"** un leep kantapper, kantapper in´n Wald rin.

Dor keem een Peerd ansprungen un reep: „ **Dicke fette Pannkoken, bliev stahn, ik will di freten !"**

De **Pannkoken** see: **„Ik bün dree olle Wiever utknepen, den Haas Wippsteert, un Wolf Dicksteert, Zeeg Langboort, un sull di, Peerd Plattfoot nich utkniepen?"** un leep kantapper, kantapper in´n Wald rin.

Dor keem een oolt Swien anrennen un reep: „ **Dicke fette Pannkoken, bliev stahn, ik will di freten ! "**

De **Pannkoken** see: **„Ik bün dree olle Wiever utknepen, den Haas Wippsteert, un Wolf Dicksteert, Zeeg Langboort, Peerd Plattfoot, un sull di, Swien Kringelsteert, nich ok utkniepen?"** un leep kantapper, kantapper in´n Wald rin.

Do keemen dor **dree Kinner** an, de harrn kien Pappen un kien Mamm´ mehr hatt un seen: **„Leve Pannkoken, bliev stahn! Wi hebbt noch nix to eten hatt, den ganzen Dag nich.** Dor sprung de dicke fette Pannkoken bi de Kinner in´n Körv un leet sik von ehr upeten.

Aufgabe: Vorlesen, die Kinder ergänzen den Satz beim wiederholtem Vorlesen. Evt. Bilder dazu malen. Kleines Bilderbuch gestalten. Mit Masken vorspielen. Siehe S. 7 Nr. 1

De Bolze mit de Stevels

(Der gestiefelte Kater nach den Gebr. Grimm)

Zusatz: Lex 7

Vörhang
De Kinner sünd achter den Vörhang un leest nananner de Sätz vör. Dorbi laat se sik över den Vörhang seen. Dann sünd se weer weg un de Neegste is d´ran. Dat mutt drocke gahn.

1. Een Müller güng doot.
2. De eerste Söhn kreeg de Möhl.
3. De twete Söhn kreeg den Esel.

1. De drütte Söhn kreeg de Bolze.
2. He wull em doothauen un dat Fell bruken.
3. De Bolze see: „ Laat mi leven. Ik will di helpen."

1. Een König wahnde in´t Dörp. Sien Dochter leet fein.
2. De Bolze see: Swemm in´n See. De König kummt foorts.
3. De Söhn reep: „Help mi ! Help mi !"

1. De König nehm em mit in´t Schloss.
2. De Prinzessin much den Söhn lieden.
3. De Söhn vertellde: „Ik hebb ok een Schloss dor achtern."

1. De König see: „Ik besöök di."
2. De Bolze güng drocke los un see to de Lüüd:
3. „Ji mööt all vertellen, dat dat Land hier an´e Straat den Grafen von Carabas höört.

1. Sonst hau ik jo doot."
2. De Lüüd harrn Not vör de Bolze un wullen dat all seggen.
3. De Bolze güng na´t Schloss.

1. Dor wahnde de Zauberer.
2. De Bolze leggte em rin.
3. He freet em up, as he sik in een Muus verwannelte.

1. De König keem mit sien Dochter un den Söhn.
2. Nu sünd se verhieratet.
3. De Geschicht is nu ut.

(Zauberer = Töver)

Wöörbook

Lex 7

Botterbroot	Hönnig	Jogurt
Water	Quark	Tee
Ei	Saft	Müsli
Wust	Koffe	Cornflakes
Melk	Marmelaad	Kakao
Schinken	Brötchen	
Broot	Botter	

Schriev een egenen Text:
Wat ik to´n Fröhstück mag :

1. To´n Fröhstück mag ik **een Stück Broot mit Wust**.

An leevsten mag ik to´n Fröhstück **een Brötchen mit Botter un Kees.**

An tweetleevsten mag ik to´n Fröhstück **een Stück Broot mit Hönnig.**

2.To Drinken mag ik an leevsten **Kakao**.

3.**Koffe** mag ik nich.

Vorgehensweise: siehe S. 7 Nr. 2, Die Texte vortragen. Viel Lob und Applaus sollte dabei nicht fehlen.

Halloween

De Hex kookt ´ne Sopp

1. De Hex kookt een Sopp.
   Se röhrt in een Pott rüm.
2. Een Pogg kummt vörbi.
   De Hex seggt: „Kumm her, Pogg,
   ik bruuk di för mien Sopp."

3. De Poog seggt: „Nee.
   Nu man gau weg."
4. Een Muus kummt vörbi.
   De Hex seggt: „Kumm her, Muus,
   ik bruuk di för mien Sopp."

5. De Muus seggt: „Nee.
   Nu man gau weg."
6. Een Spinn kummt vörbi.
   De Hex seggt: „Kumm her, Spinn,
   ik bruuk di för mien Sopp."

7. De Spinn seggt: „Nee.
   Nu man gau weg."
8. Twee Kürbisse kaamt vörbi.
   De Hex seggt: „He, ji, kaamt her,
   ik bruuk jo för mien Sopp."

9. Se snappt sik de Kürbisse un
   smitt se in´e Sopp. Lecker Sopp.

Vorgehensweise: Die Geschichte wird erzählt/vorgelesen. Mit großen Geschichtenkarten könnte man die Geschichte erzählen oder mit einem Kniebuch. Beim wiederholten Erzählen lässt der Lehrer Satzteile aus, die die Kinder ergänzen. Diese Geschichte kann sehr gut mit Masken/Verkleidung/Requisiten gespielt werden. Siehe S. 7 Nr. 2

Sankt Martin Dialog

Lex Extra St. Martin

Martin schall Bishop worrn.

Martin: (verstoppt sik in´n Göösstall)
Psst, west still!
Lüüd: (loopt vörbi)
Martin, Martin, wo büst du?
Martin: Göös, west still, de Lüüd
schüllt mi nich finnen.
Göös: Wieso schüllt de di nich finnen ?
Schnatter, schnatter !
Martin: Ik schall Bishop worrn.
Dat will ik aver nich.
Göös: Du büst doch aver de beste
Bishop. Wi wüllt ok, dat du
Bishop worrn deist.
Schnatter, schnatter !
Schnatter, schnatter !
Martin: West still ! West still !
Göös: (roopt luut) Martin is hier.
Martin is de gröttste.
Martin schall Bishop worrn.
Lüüd: (kaamt un bringt em in´e Kark.

Nu is he Bishop.

Wöör:

1. Goos, Göös
2. Bishop
3. Lateern
4. Lücht, Licht
5. Bettler
6. Soldat
7. Ümhang
8. Peerd
9. Steern, s
10. Kark

____
____
____
____
____
____
____
____

Leed: **(Text und Melodie nach: Ich geh mit meiner Laterne, Volksweise)**

Ik gah mit mien Lateern, un mien Lateern mit mi.
Dor baven sünd de Steerns un ünnen sünd wi.
II : Dat Licht geiht ut, wi gaht na Huus. :II
1. Rabimmel, rabammel, rabumm, bumm bumm.
2. Rabimmel, rabammel, rabumm.

Vorgehensweise: Evt. zuerst die Wörter mit Bild- und Wortkarten einführen und üben. Siehe S. 3
Dannach den Text erzählen und Wörter klären. Jeder muss die Geschichte verstanden haben.
Die Rollen werden verteilt und evt. mit Masken/Verkleidung das Stück gespielt. Siehe S. 4. Am Ende wird das Laternenlied gesungen. Evt. noch weitere Strophen suchen oder dichten oder andere Laternenlieder singen.

Sketch to´n Advent
De Adventskranz

Een Esel kummt:
Esel: Ik weer so geern een Kers up´n Adventskranz.
(He nimmt sik ´n Kers) Laat ik nich fein ?

Een Lööv kummt:
Lööv: Ik weer so geern een Kers up´n Adventskranz.
(He nimmt sik ´n Kers) Laat ik nich fein ?

Een Aap kummt:
Aap: Ik weer so geern een Kers up´n Adventskranz.
(He nimmt sik ´n Kers) Laat ik nich fein ?

Een Slang kummt:
Slang: Ik weer so geern een Kerse up´n Adventskranz.
(Se nimmt sik ´ne Kerse) Loot ik nich fein ?

Een Peerd kummt:
Peerd: Ik weer so geern een Kers up´n Adventskranz.
(Et nimmt sik ´n Kers) Laat ik nich fein ?

Een Hund kummt:
Hund: Ik weer so geern een Kers up´n Adventskranz.
(He nimmt sik ´n Kers) Laat ik nich fein ?

Een Katt kummt:
Katt: Ik weer so geern een Kers up´n Adventskranz.
(Se nimmt sik ´n Kers) Laat ik nich fein ?

Een Koh kummt:
Koh: Ik weer so geern een Kers up´n Adventskranz.
(Se nimmt sik ´n Kers) Laat ik nich fein ?

Een Voss kummt:
Voss: Ji Döösköpp. Wo lett dat dann ? Hebbt ji al mal een Adventskranz mit 8 Kersen sehn.

Vorgehensweise: Der Lehrer erzählt die einfache Geschichte. Dann werden beide Sätze geübt. Die Tiere werden an die Tafel geschrieben oder die Bild- oder Wortkarten an der Tafel befestigt. Nun sagt ein Kind: De Esel kummt usw. und alle sprechen, was das Tier sagt. Dann werden evt. Masken/Bilder der Tiere verteilt und das Ganze mit verteilten Rollen gespielt.

Röög-di-Geschicht

Lex Extra Sünnerklaas

Sünnerklaas hett sien Geschenke verloren

1. Sünnerklaas fohrt mit sien Sleden un sien Esel los.
2. Snee liggt överall. In een Huus is Licht.
3. Sünnerklaas hollt an. He kloppt an´e Dööör.
4. Ole, een ollen eensamen Kerl maakt apen.
5. „Moin !", seggt he. „Moin !", seggt de Sünnerklaas. „Kannst mi mal een Tee maken ?" Se drinkt Tee.
6. Sünnerklaas fohrt mit sien Sleden wieder.
7. Wat is dat ? All sien Geschenke fallt ut den Sack.
8. Ole röppt. Sünnerklaas hört nix. Ole söcht de Geschenke up un bringt se na´n Sünnerklaas.
9. Sünnerklaas is bliede: „Ole, du büst nu mien Fründ."

Vorgehensweise siehe S. 5, Über Nikolausbräuche sprechen.

Lex Extra Sünnerklaas

Leed: (Text und Melodie nach: Lasst uns froh und munter sein, Volksweise aus dem 19 Jh.)

Laat us froh un munter ween,
Un us ok von Harten frein.
Niklaus, Niklaus, traleralera,
II: Du büst dor un dat is fein :II

Hest du ok dien Sack mitbrocht,
mit Sötes un ok Schokolaad dor in.
Niklaus, Niklaus, traleralera,
II: Du büst dor un dat is fein :II

Niklaus, wi all danket di,
dat du us riek beschenket hest.
Niklaus, Niklaus, traleralera,
II: Du büst dor un dat is fein :II

Riemels:

Sünnerklaas, du gode Mann,
wi all hebbt di von Harten leef.
Pack de Schokolaad un dat Söte ut,
dann kummst du ok to Döör weer rut .

Dank di leve Sünnerklaas,
för Nöten, Sötes un ok annern Kraams.
Du büst de beste Mann för us
lütt Kinner un ok för de annern in´t Huus.

DIALOG

Sünnerklaas kummt rin mit sien Sack.
Kinner kiekt üm all an. Se freit sik.
Sünnerklaas: Moin Kinner. Sünd ji ok örnlich ween ?

Kind 1: Jo.
Kind 2: Meistendeels.
Kind 3: Jo, faken.
Kind 4: Mehrsttiet nich.
Kind 5: Nee.

Sünnerklaas röppt Kind 5 to sik.
Sünnerklaas : Du büst mi jo een.
Büst du gor nich örnlich ween ?
Kind 5: Nee.
Sünnerklaas: Worüm denn nich ?
Kind 5: Wenn ik „jo“ seggt harr, harrst du jo gor nich mit mi snackt. Un dat wull ik. Dat du mit mi snacken deist.
Sünnerklaas : Nu musst du mi aver verspreken, dat du bit neegs Johr örnlich büst.
Kind 5: Jo, Sünnerklaas, maak ik.

Wöör:
1. Sünnerklaas
2. Sack
3. Sleden
4. Esel
5. Stevel
6. Sötes
7. Schokolaad

____
____
____
____
____
____
____
____

Vorgehensweise: Evt. die Wörter mit Bild- und Wortkarten einführen und üben. Siehe S. 3, Dann die Gedichte oben vor- und nachsprechen. Öfters machen ! Evt. tragen das Kinder vor. Nikolauslieder werden gesungen. Evt. im Internet weitere Lieder suchen. Dann wird der Dialog von unten gespielt. Siehe S. 4 und S. 7 Nr. 1. Das Stück evt. mit Verkleidung spielen.

De Paketen

De Wiehnachtsmann kummt rin.

Wöör:
1. Wiehnachten
2. Wiehnachtsmann
3. Paket
4. Geschenk, en (Gaav, Gaven)
5. Wiehnachtsboom
6. Hilligavend
7. Engel
8. Kers, Kersen
9. 1. Wiehnachtsdag
10. 2. Wiehnachtsdag
11. Hirten
12. Steern, s
13. Kripp

Wiehnachtsmann: Sünd hier leve Kinner ?

Herr Peters: Jo, sünd hier.

Wiehnachtsmann: Hier is een Paket för Mario.
Kannst du ok een Gedicht
upseggen ?

Mario: Jo, kann ik.

Leve, leve Wiehnachtsmann,
ik mag di , so wi ik man kann.
Bringst mi een Bült Geschenke,
dann do ik ok lang an di denken.

Wiehnachtsmann: Goot maakt. Hier is dien Paket.
Wecke is dann nu Maria ?
Hier is een grodet Paket för Maria.
Un Maria, kannst du denn ok een Gedicht.

Maria: Jo, kann ik.

Leve, leve Wiehnachtsmann,
wo kummst du her,
un bringst us all man Geschenke un mehr.
Wi danket di un kaam neegst Johr man weer.

Wiehnachtsmann: Goot maakt. Hier is dien Paket.
Ik mutt nu gahn. Bit neegst Johr.

Vorgehensweise: siehe S. 7 Nr. 1, evt. die Wörter mit Bild- und Wortkarten einführen und üben.

Röög-di-Geschicht: **Sina un de lüttje Katt**

Lex Extra Wiehnachten

1 Sina freit sik up Wiehnachten.
   Se wünscht sik een lüttje Katt.
2. De Wiehnachtsmann kummt.
3. He leggt de Geschenke ünnern Wiehnachtsboom.
4. He geiht weer weg.
5. Sina kummt un kickt sik de Geschenke an.
6. Dor is kien Katt.
7. Sina blarrt.
8. Up eenmal hört se een : „Miau, miau."
9. Sina kickt na. In een apenet Paket sitt een lüttje Katt.
   Sina is bliede.

Vorgehensweise: siehe S. 5

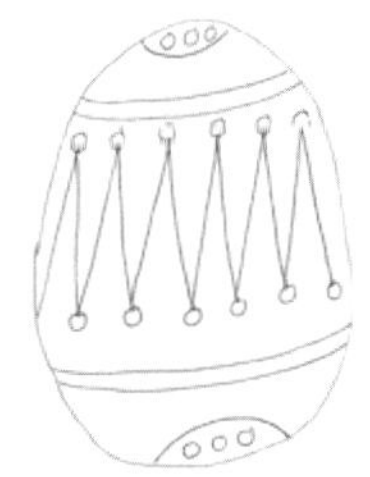

Lees un maal:

Oosterhoos

Dat is de Oosterhaas.
Sien Fell is bruun.
Sien Oogen sünd root.
Sien Nees is geel.

Maal em de Arms, Benen,
een Steert un sien Lief.
He sitt up ´t Gras.

He hett veel to doon.
He mutt de Oostereier anmalen.
Dat Ei is gröön.
De Blomen sünd geel
un in´e Mitt root.

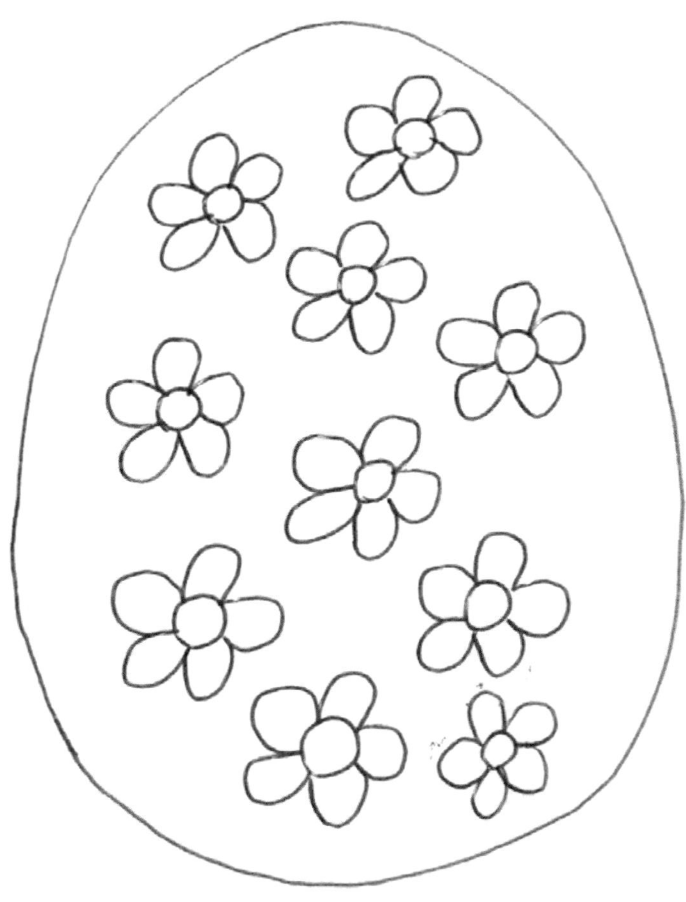

1. Klapp- up – Koort (Pop-up-card)

Lex Extra Oostern

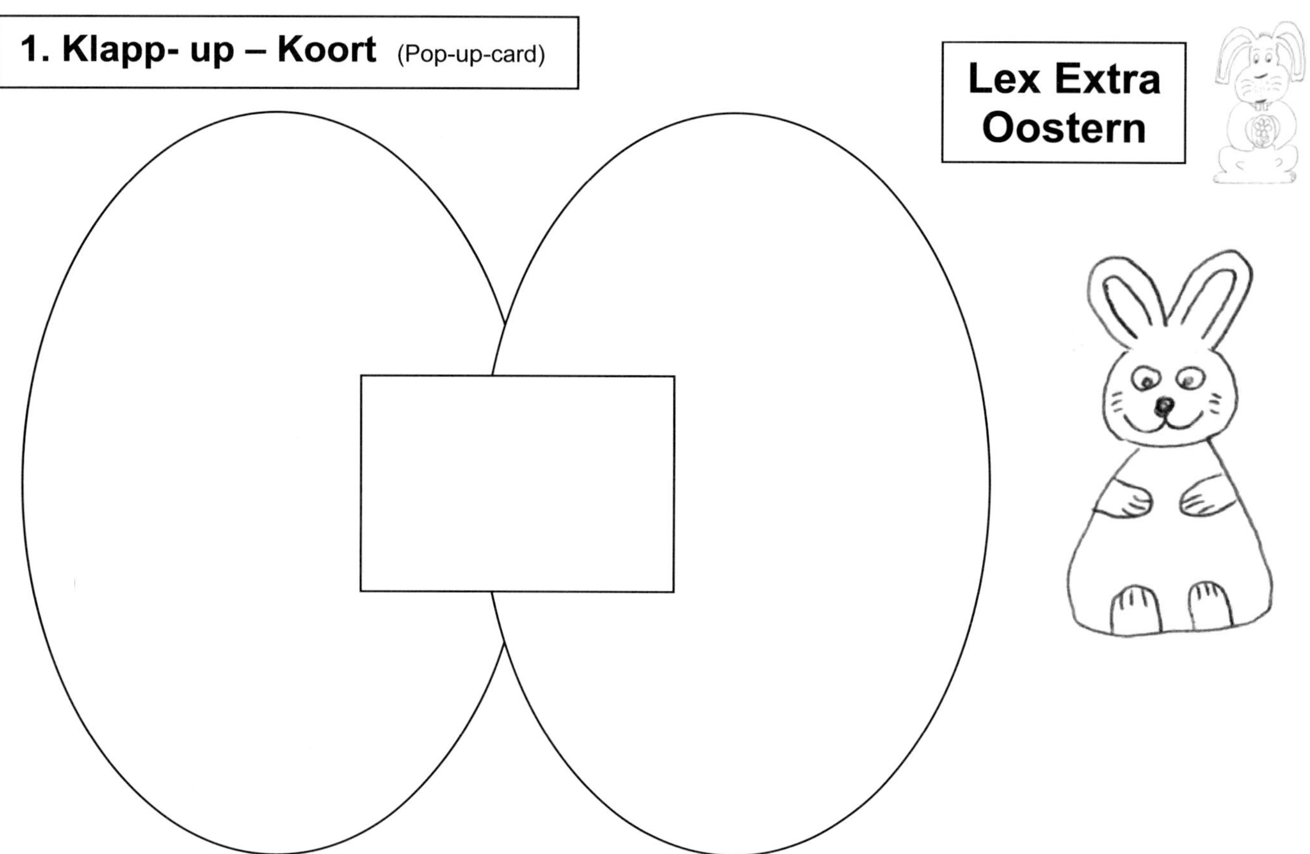

För Oostern
Dat de Sünn schient,
de Blomen bleiht
un wi all froh sünd.

Ik denk an di
un wünsch di wat,
dat, dat Fröhjohr fein
un Oostern wunnerbor warrt.

2. Leed: (Melodie: John Brown´s body, Melodie volkstümlich, Mitte 19. Jh.)

Lüttje Oosterhaas frett so geern..
Wuddeln. (3x)
un dann springt he in ´e Höchd.

Lüttje Oosterhaas hett ´ne Fleeg
up sien Nees. (3x)
un dann flücht se doch weer weg.

Lüttje Oosterhaas will nu slapen in sien
Nest. (3x)
un dann krüppt he dor ok in.

3. Leed: (Melodie: Here we go round the Mulberry Bush, England: trad. um 1840)

1. Kiek, wo de Haas springt in´e Hööchd, springt in ´e Hööchd, springt in ´e Hööchd. Kiek, wo de Haas springt in´e Hööcht den ganzen Oostermorgen.

2. Kiek, wo de Haas wackelt mit sien Ohren, wackelt mit sien Ohren, wackelt mit sien Ohren. Kiek, wo de Haas wackelt mit sien Ohren den ganzen Oostermorgen.

3. ... wackelt mit sien Moors ... 4. ... versteckt sien Eier ... 5. ...springt drocke weg ... 6. ... schüddelt sien Kopp ... 7. ...knippoogt mi ... 8. ... winkt mi to ...

Vorgehensweise: Osterwörter evt. mit Bild- und Wortkarten einführen und üben. Siehe S. 3 Dann werden die Gedichte gesprochen, evt. tragen sie einige Kinder vor. Dann wird die Pop-up Karte gestaltet. Evt. diese Seite kopieren. Im Internet nachschauen, wie eine Pop-up Karte gemacht wird. Ein Hase und Gedichte zum reinkleben sind da. Die Karte bunt gestalten und hinstellen. Dann werden die Lieder mit Bewegung gesungen. Öfters.

Bit annermal in´t anner Book !